بکوشید بسیار و یاران او	جهانگرد گرز گران جنگ او	یکباره از رنگ از بو شده	سراسر سپه دشمن او شده	بناکام برتافت رخ از نبرد	گرفته هوا را جوان باز کرد
گهی باد کرده و گهی کرد جنگ	شد از دام شیران بمعنی پلنگ	بجستند بر بوستان سربسر	دمنده تران باد بر بوم و بر	سبکبار یکباره از ترک و [illegible]	بدشمن سپردند و کشتند [illegible]
شهنشاه را رزم کردند و کیش	بدیه کرد مردی نشایست بیش	فلک گنگ دارد خیال چاکری	توانند برانداختن لشکری	بشمشیر و نیزه چه دیدی گره	دو مرد جوان به زنهار کرد
بجویند او را بکوه و بدشت	نه بازیست کاید ببازی بدست	شنیدند و اندر زبان باز پس	ندیدند گرد پی بار کس	بکشتند در بیشه و کوه و دشت	هر گوشه گشتند از آنجا گذشت

前ページ：成吉思汗と中国王との戦闘場面　中央右寄りの髭の人物が成吉思汗であろう。14世紀末のペルシアのシーラーズ派の絵画（大英図書館蔵）　アフロ提供

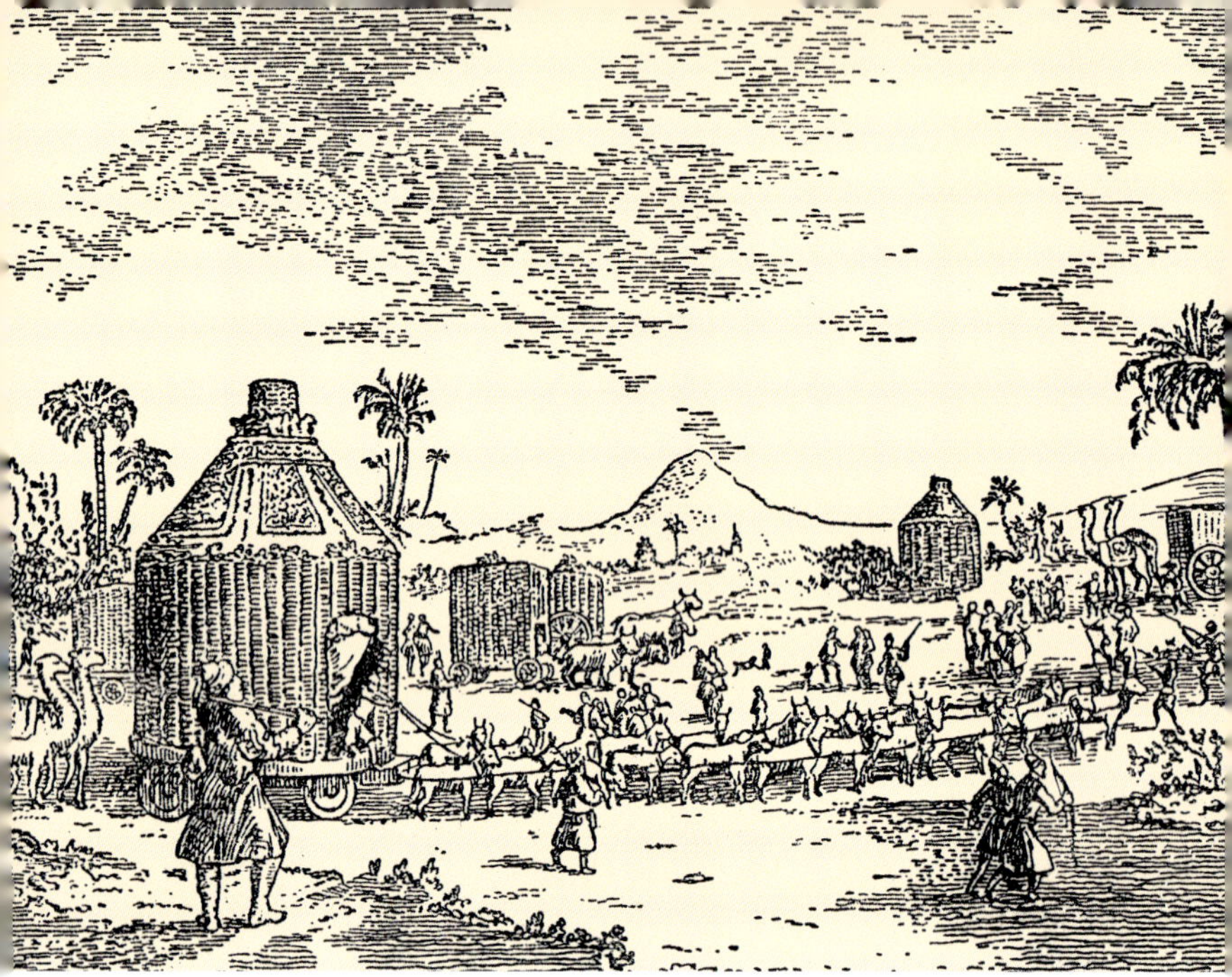

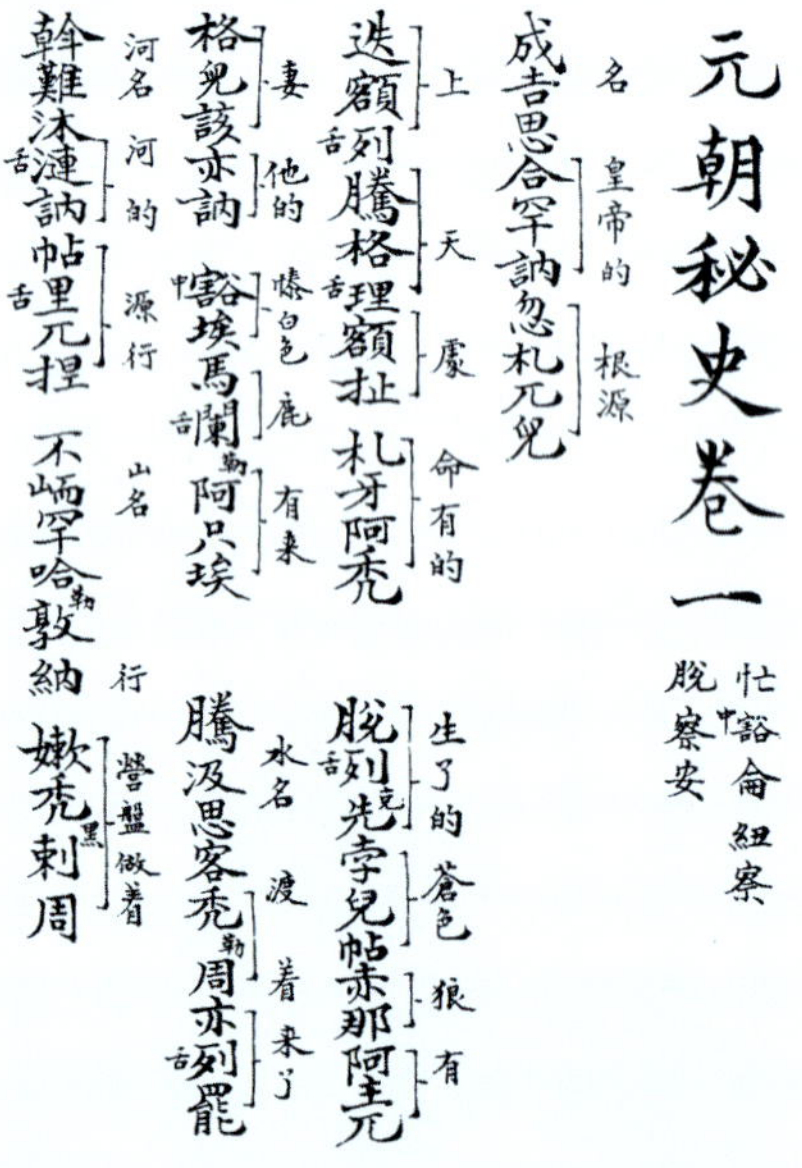

元朝秘史巻一

忙豁侖紐察　脱察安

名　皇帝的　根源

成吉思合罕訥忽札兀兒

上　天處　命有的　生了的　蒼色　狼　有

迭額列騰格理額扯　札牙阿禿　脱列克先孛兒帖赤那　阿主兀

妻　他的　慘白色　鹿　有　水名　渡　着　來了

格兒該亦訥　豁埃馬闌勒　阿只埃　騰汲思客禿　周亦列罷

河名　河的　源　行　山名　行　營盤　做着

斡難沐漣訥　帖里兀揑　不峏罕哈勒敦納　嫩禿黒剌周

上：牛に引かせて移動するモンゴルの家屋　1253年にルブルクの描いた絵　アフロ提供

右：『元朝秘史』文廷式より内藤湖南に贈られたもの。本文第2章第1節参照（京都大学人文科学研究所蔵）

左：演説する成吉思汗（大英図書館蔵）　アフロ提供

جهان را گرفتند چون آفتاب
نهادند چون کوه بر یکدگر
ندکاو سپه روند کاو زمین
بزیر آمد از باره یکسر سپاه
زناگه رسیدیم درین انجمن
برای شما میدهم پی نیاز
بهر دو جهان تا زمن جان برند
ستمکاره را روز باشد سیاه
بریدند چون پاک یک رویه را
زره در بر سیم بر پیرهن
چو خورشید رخ گشته از کرد
چو سرو سهی گشته از خاک

بودند یک روز بی تاب
نگی شد ز چو پاکان تباه
جهانسوز چنگیز کینه نگاه

جهان بار خواهند پرداختن
نگنجند در شهر و در خانه گاه
زن و مرد دیدی سنیته سیاه

وعظ گفتن چنگیزخان بر مسجد بخارا را

مرا هر که این شهر در دل گذشت
کشیدند شمشیر بران سیاه
بسر گشته چرخ چون کوه آب

جهان چو آتش سینم زد شتاب
همه روی گیتی ز آتش سیاه
تن سایه پرورد شد آفتاب

نمانند سیری چو پیلان مست
ز چو بیم و پیوسته و کوه شد
خدیوی که چون او نیاید پدید
نشاند و بیا شهریان پی شما
در اندیشه رفتم ز بهر شما
نه در بند این دام و دانه منم
ببرد فرمان من آمدم
برانگیزم از گرد ره بوم و بر
در آن روز بر دشت و بر آسمان
یکباره آتش برافروختند

بیارید هر گاه و هر چو
رسیدند چنگیز نبوده شد
یکی تخت در مسجد اندر نهید
ببر بر میان دهقان برکنار
دلم خست شد بهر شهر شما
شما راست تاوان نهاد منم
چو با خرمن چرخ آمدم
بسوزم یکبارگی خشک و تر
بریزید پرنده از تاب آن
اگر مسجد از خانقه سوختند

成吉思汗の肖像　清朝内府旧蔵の『中国歴代帝后像』より。現物は絹の上に彩色されていた。　アフロ提供

新・人と歴史　拡大版　08

草原の覇者　成吉思汗［新訂版］

勝藤 猛 著

SHIMIZUSHOIN

本書は「人と歴史」シリーズ（編集委員　小葉田淳、沼田次郎、井上智勇、堀米庸三、田村実造、護雅夫）の『成吉思汗』として一九七二年に、「清水新書」の『草原の覇者・成吉思汗』として一九八四年に刊行したものに加筆・修正を施して新訂版として復刊したものです。

序

歴史とは過去の出来事のことであり、またそれを叙述したものをも意味する。我々は現在に生きている。過去は我々にとって何であろうか。ある場合には我々は過去を否定する。過去は古いもの悪いものであり、それに反して現在は新しい正しいものであるというのである。しかしながら現在といってもそれは一瞬たりとも止まっているものではない。現在も次の瞬間には過去となり、否定の対象となる。こう考えれば、あらゆるものを否定せざるをえない。

過去を否定すると発言する場合、意識の上ではそうであっても、無意識的には過去のあるものを肯定し、これを継承しようとしている。現在は過去の集積であり、過去の力が現在を動かしている。そしてそれはまた未来をもかなりの程度に規定するものである。つまり未来の予想は過去の経験からなされるのである。我々は肯定と否定、継承と断絶という両様の態度をもって過去に臨むのである。これはたんに学問としての歴史のみならず、日常生活の歴史においてもそうである。歴史的思考は歴史学者だけのものでなく、人間に普遍的なものである。大学で教授研究されている歴史学はむしろ歴史文献学と呼ぶべきであって、歴史的な思考や叙述は歴史学者の専有物ではない。歴史学は文献操作の方法においてのみ他の分野に寄与することができる。

文献について一言するならば、それは決して神聖にして侵すべからざるものではない。文献は他人の体験の記述である。限られた自分の体験を補うに他人の体験をもってするのはよい。しかし文献が自分の体験より価値の高いものでは必ずしもない。そしてまたいえることは、文献とは結局は意見である。いくら事実のように見えても、それは事実だと思って書いたものにすぎない。文献を引用するにあたっては、つねにその主観的ずれに目をつけ、客観的事実を読みとることに努めなければならない。しかしこれが不可能になるほど意見がくい違うこともありうる。史料といい古典というも、所詮《しょせん》は自分たちとあまり違わない人間、長所もあれば短所もあるいろいろな人間たちの書いたものなのである。

過去の出来事の叙述としての歴史は我々に何を教えるか。学者の研究や教育には押しつけという感じを時に受けるが、歴史小説や映画、テレビの時代劇となると人々は自ら求めてこれを楽しんでいる。そのいずれの場合にせよ歴史が我々に教えてくれるものは人間の多様性である。時間と空間の相違による人間の懸隔《けんかく》を感ずることもあれば、それらの相違を超越した人間の普遍性を知ることもある。人間の相違に我々は興味をよびおこされ、人間の普遍性には感動をおぼえる。いずれにしても我々の知的欲望が満足させられる。

本書は、題して『草原の覇者―成吉思汗』という。一三世紀にユーラシア大陸にまたがる史上空前の大帝国を建設した人物の物語である。成吉思汗はモンゴル族という遊牧民の出身である。文明のない無名の民族に生を享《う》けて、彼は多くの文明民族を支配下に収めた。彼の立身の過程、征服と支配の方法はどのようであったか、彼らモンゴル勢力に文明諸民族はどのように対処しようとしたか、成吉思汗の功は何か、罪は何か、などのことがらを考えてみたい。

日本では成吉思汗は不世出の英雄としてきわめて高い評価を得ている。一方、中国、西アジア、ヨーロッパでは彼およびそのモンゴル軍隊は残虐野蛮な侵略者・破壊者ときめつけられ、彼は世界史上最大の悪人とされている。日本はユーラシア大陸と海でへだてられているため、モンゴルの侵入を免れることができた。このことは日本の歴史と日本人の精神構造を特徴づけている。

成吉思汗の支配によって破壊が行なわれ、それまでの文明に断絶がもたらされたことは事実である。しかしながら一方、大帝国の成立によってユーラシア大陸の東西交通が飛躍的に発達し、東西の物資や情報の交換が容易になったことは、特筆大書しなければならない。この大帝国の崩壊以後、この交通はむしろ衰退した。その原因は政治的分裂である。マルコ＝ポーロが通った道筋をそのとおり通ることは、技術的には可能であっても、政治によって妨げられて現在に至っている。
なお本書で「成吉思汗」と表記する人物は、またジンギス＝カン、チンギス＝ハーンその他さまざまに書くことができるが、どれとも決めかねるので、日本人にとって親しまれている漢字による表記を用いることにした。

「新訂版」序

この新訂版成吉思汗伝の序に、ぜひ付け加えたいことがある。イギリスの著名な歴史学者アーノルド・トインビーは、一九五六～五七年、西回りの世界一周旅行をした。五七年五月、イラン国内を歩いて、極めて貴重な指摘をしている。それは「隠れた谷間」hidden valleys である。彼はそこへロバの背にまたがって行った。谷があって、川が流れ、人が住み、農耕を営んでいる。谷はジグザグで、下の平地からは見えにくい。昔は騎馬兵、現在は自動車が、平地を走っても、このような谷は、容易には発見できない。たとい敵が攻め込んで来ても、高い所からだと、防御に有利である。こうした隠れた谷間が、イラン人を外敵の侵入から守ったのである、と。私もイランやアフガニスタンで、このような隠れた谷間をいくつも見たことがある。

モンゴル騎兵隊の前に、平地にある大都市の運命は悲惨で、史書に記録され、利用されている。しかし、この隠れた谷間のような平和な暮らしもある。それはトインビーのように、現場で感じ取るしかない。

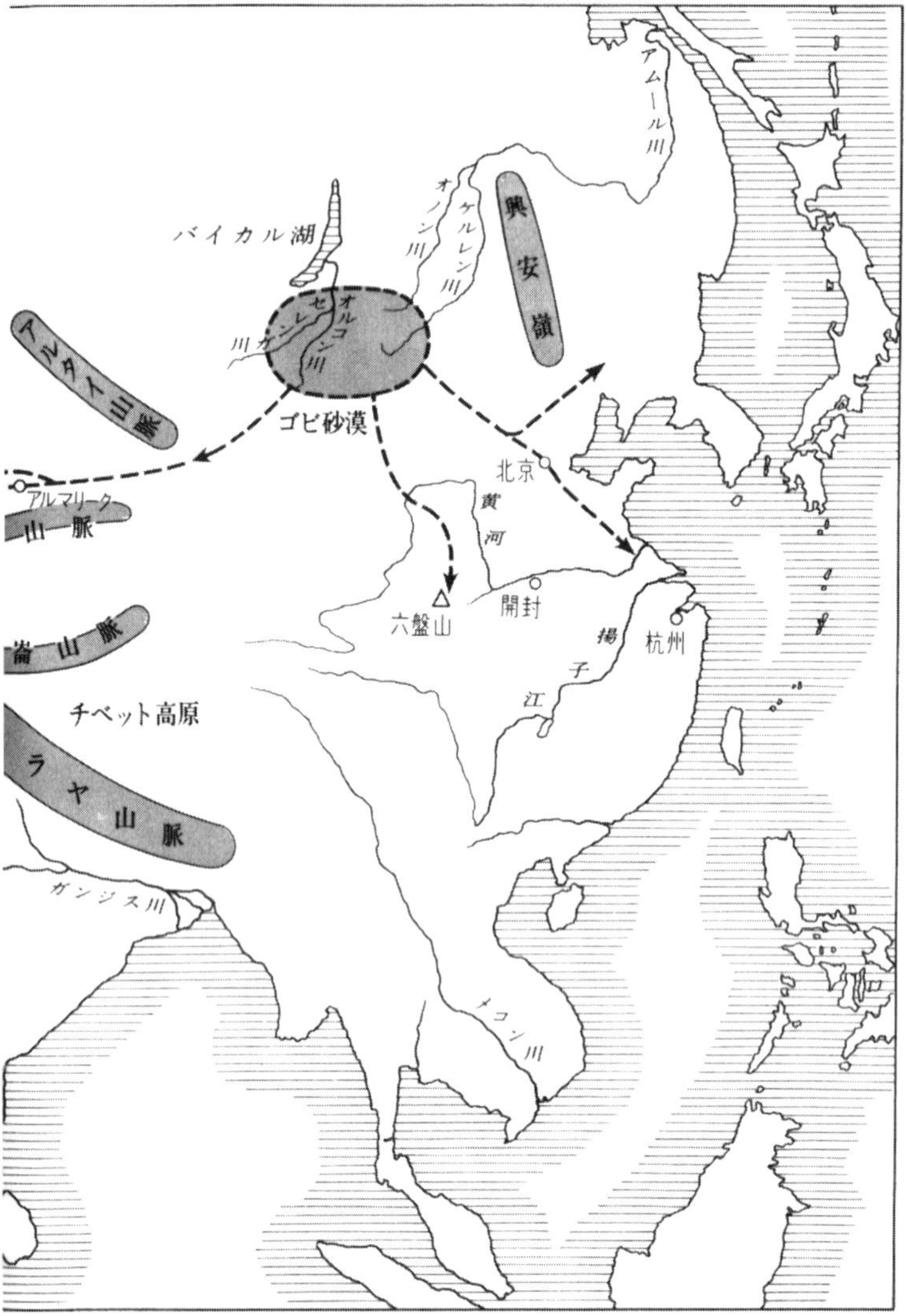

成吉思汗とその軍隊の遠征路

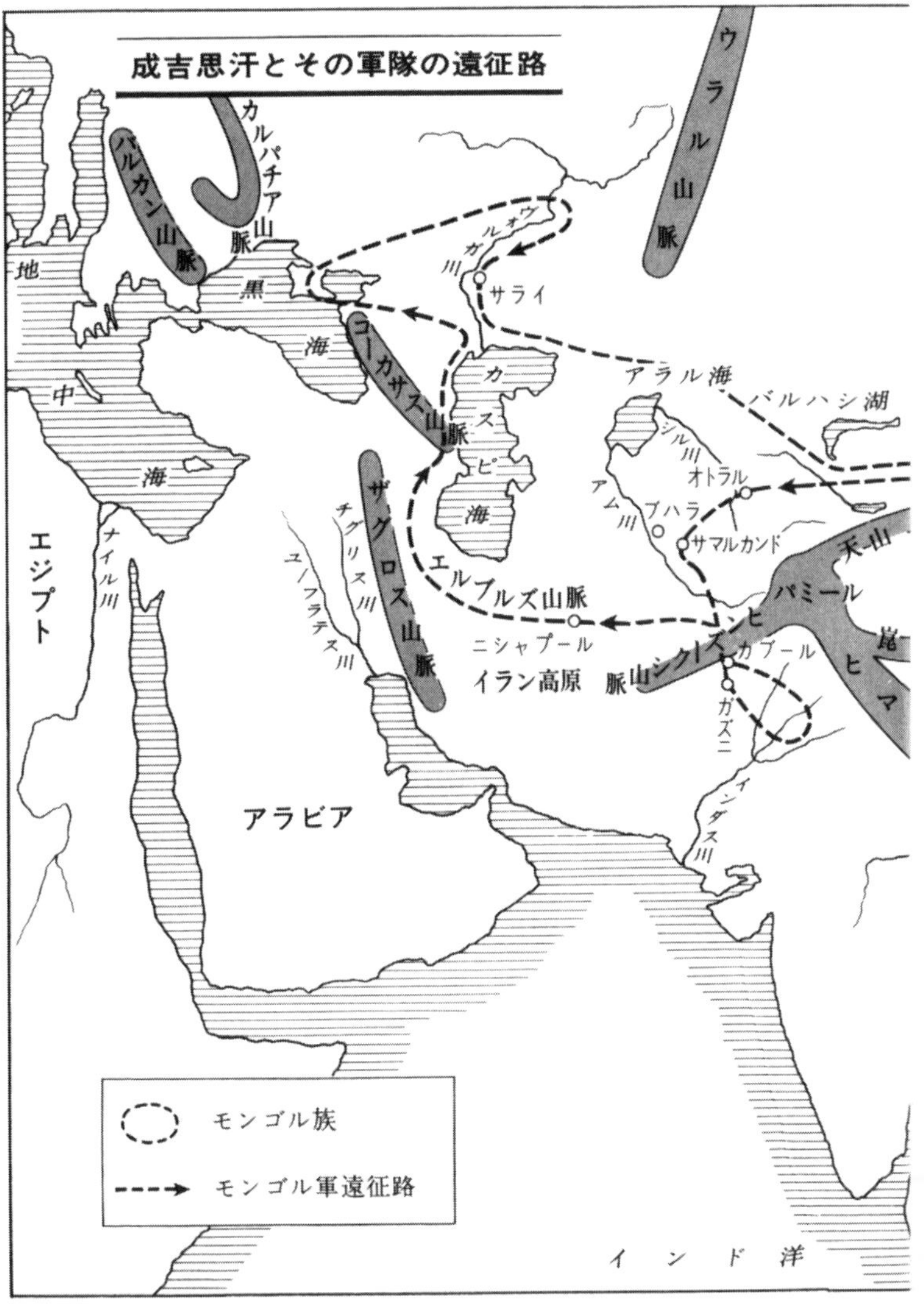

成吉思汗とその軍隊の遠征路
ウラル山脈
カルパチア山脈
バルカン山脈
地中海
黒海
カルガ川
オウ
サライ
コーカサス山脈
カスピ海
アラル海
バルハシ湖
シル川
オトラル
アム川
ブハラ
サマルカンド
天山
パミール
ザグロス山脈
チグリス川
ユーフラテス川
エルブルズ山脈
ニシャプール
イラン高原
ヒンズークシ山脈
カブール
ガズニ
ヒマ
崑
ナイル川
エジプト
アラビア
インダス川
モンゴル族
モンゴル軍遠征路
インド洋

目次

Ⅲ　世界の征服者

I

草原の世界

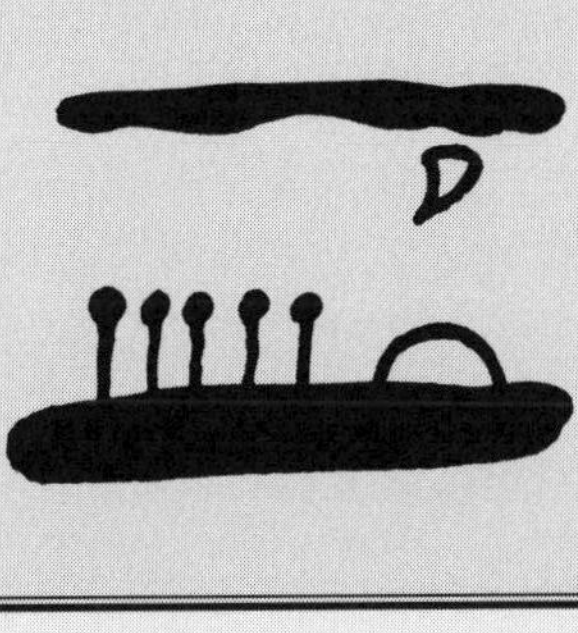

第一章　世界史上の遊牧民

第一節　遊牧民の発生

❖ユーラシア草原

地図を見ればわかるとおり、ユーラシア大陸の北部には広大な草原が東西に広がっている。この草原の草はおおむね短草であり、北アメリカのような豊富な草原ではない。ユーラシアのこの草原はステップ、北アメリカのそれはプレーリーと呼ばれる。このユーラシア草原の北側には森林地帯、南側には山岳地帯がある。草原の東端は満州である。そこから西に向って興安嶺を越えるとモンゴリアがある。

それはゴビ砂漠によって外モンゴリアと内モンゴリアに分けられる。前者は現在はモンゴル国であり、後者は中華人民共和国の内モンゴル自治区である。オルドス、すなわち黄河の湾曲部と万里の長城とに囲まれた部分もモンゴリアに入れてよい。その西方には中国西北部、すなわち甘粛省《カンスー》と青海省《チンハイ》を経て、新疆維吾爾《シンチャンウイグル》自治区がある。その大部分は天山《テンシャン》山脈の南にあり、その西端がパミール高原である。一部は天山山脈の北、アルタイ山脈との間のいわゆるズンガリア、さらにはアルタイ山脈地方をも含む。

パミール高原がユーラシア草原を東西に分けている。以上はその東半分である。西半分は、ヒンズークシ山脈の北、すなわち今のアフガニスタン北部、中央アジア諸国、さらに西へいってコーカサス山脈の北、黒海北岸平野を経て、バルカン山脈とカルパチア山脈の間にあるハンガリア平野に終っている。

この広大な地帯にステップが広がっているのであるが、この中に例外的な湿潤地帯がある。それはイラン高原北部、エルブルズ山脈とカスピ海の間のいわゆるマザンデラン地方で、年間雨量一五〇〇ミリにも達する。また黒海北岸の草原は豊かで、プレーリーに似ている。

地図で一見してわかるように、ユーラシア草原の東半分と西半分を比べると、東半分は土地が高く、また南方の山岳地帯や農耕地帯との区別が截然《せつぜん》としている。気候も厳しい。それに反して西半分では草原と農耕地帯との区別がはっきりしない。つまり遊牧民と農民は互いに入り組んで共存している。この東西の相違はこの両地域の歴史にも大きな影響を与えている。

❖遊牧民の発生

人類の歴史で農業が発生したのはおそらく西アジアで、その時期は紀元前七千年紀またはそれ以前であったと思われる。千年紀 millennium とは、世紀 century が百年を単位とするのに対し、千年を単位とするもので、百年単位で決められない古い時期の年代を表わすのに用いられる。紀元前七千年紀とは紀元前六〇〇〇年から七〇〇〇年までの間、今からいえばほぼ八〇〇〇年ないし九〇〇〇年前のことである。考古学でいうと新石器時代の初め頃である。

人間が農業を行なったのは川や泉のほとり、つまり水の得やすいところであった。そこはまた動物にとっても住みやすい場所である。動物はおのずと人間の住みかに近づくようになる。動物は農作物を荒らすからあまり歓迎されないが、しばしば人間に接近することによって、人間は動物に親しみを感じ始め、それを捕えて飼うようになった。いつでも自分の欲する時に殺して食うためである。雌の動物は乳を出すのでその有用性はすぐに知られた。そのうちに動物は食用に供するだけでなく、労働の役にも立つことがわかってきた。これがすなわち牧畜の起原で、それはおそらく紀元前五千年紀ごろ、ヒツジ、ヤギ、ウシ、ロバなどが飼われていたことが、遺跡に残っているそれらの骨から知られるのである。

こうして西アジアに発生した農耕と牧畜はしだいに広がって、前四千年紀にはユーラシア北

パミール越えの難路。13世紀にマルコ=ポーロもこのような道を通ったにちがいない。（右上）

パミール山中の一峡谷（左上）

天山山脈とそこから流れ出る渓流（左下）

方草原に伝えられた。この牧畜が遊牧にまで発達するにはなお多くの条件を必要とする。その第一はウマである。ウマという動物は、他の動物に比べて脚が速く力が強く、そしておとなしい。ウマを使うようになったことは人類の重要な進歩のひとつである。ウマを人間はまず荷物を背負うことに使った。背負いきれない物は引張らせた。引張るにもはじめはそりのようなものに載せたにちがいない。それから人間は車輪を使うことを考え出した。その車輪も最初は一枚の板のようなものであったが、それよりも輻《や》のついた車の方が軽くて丈夫なことがわかってきた。このようにしてウマはまず車を引くための動物であった。戦争にも馬車が用いられたのである。

その次の段階として人間はウマに乗るようになった。人間がウマに乗って速く走るためには、ウマにはみと手綱をつける必要がある。またウマの蹄《ひずめ》を保護するために蹄鉄が用いられるようになった。そのためには鉄の生産が十分に発達しなければならない。また鞍やあぶみがあると、乗り手はいっそう安定よくウマに乗ることができる。乗り手の服装についていうと、中国やギリシアなどの古代人の着ているような長い衣では、乗馬に不便である。ウマにまたがるためにはズボンをはかなければならない。上着の袖もだぶだぶでなく、腕にぴったりしたものがいい。こうして乗馬の服装は、中国人の表現によれば「窄袖《さくしゅう》と袴子《クーズ》」となった。これが現在の我々の洋服の起原である。

戦闘に際して彼らはウマの上から槍を振った。ついでウマを走らせながら矢を射る戦術に進んだ。いわゆる騎射である。ウマの上で操作する弓であるから、長い弓でなく短い弓でなければならない。こうして騎馬戦士ができあがった。その数がふえれば、ウマの数もそれにしたがってふえなければならない。多数のウマを飼育するためには広大な草地をもたなければならない。つまりそれを自分の勢力範囲として確保しなければならない。こうして騎馬戦士の国家、つまり遊牧帝国が成立する。世界史上最初の遊牧帝国を作ったのはキンメル人で、紀元前八〇〇年頃、コーカサス山脈の北側から黒海北岸平野、ハンガリーにかけての地を支配したイラン系の民族である。

騎馬を表わす像。紀元前800〜700年の青銅製ピン・ヘッド。北コーカサスのコバン出土。

第二節　西と東の遊牧民——スキタイと匈奴

❖西方の遊牧民スキタイ

キンメル人の後をついで遊牧帝国を建設したのはスキタイ人で、その支配は紀元前六世紀から紀元前三〇〇年頃までである。彼ら自身文献を残さなかったが、紀元前五世紀にギリシア人ヘロドトスの書いた『歴史』の中にそれについての詳細な記述が見られる。ヨーロッパ人はこの本によって初めてユーラシア北方草原の遊牧民についての知識を得たのである。そしてまた一八世紀以来の考古学的発掘の結果は、ヘロドトスの記述の正しいことを証明した。その一例をあげるなら、スキタイ人は盟約を結ぶのに、椀の中に酒を入れ、その中に自分の血を流しこみ、それを二人いっしょに飲む、ということをヘロドトスは書いているが、ちょうどこの有様を表現した飾り板が発見されている。

スキタイ人が人間の歴史に貢献した最大のものは動物意匠 Animal Style と呼ばれる芸術様式である。材料は主として金属で、とくに金《きん》を豊富に使っている。主題のほとんどは動物である。それが構図に対する鋭い感覚をもって極めて律動的に表現されている。この点において都市や農村の定着民の芸術と著しい対照をなす。移動する遊牧民の作品であるから、それは武器

スキタイ人を描いたギリシア製壺。顔に傷を受けた友を手当てしているところ。ヨーロッパ的容貌、体にぴったりした上着とズボンがよくわかる。（右）
コーカサスのクル-オバ出土の飾り板。ひとつの容器から、いっしょに飲むふたりのスキタイ人。ヘロドトスの記録する盟約の方法を裏づけるものである。（左）

や馬具といった持ち運びのできる品物である。金を多く使ってある豪華さは、その持主が非常な権力をもつ族長であったことを示す。

ギリシア人は黒海沿岸の各地に植民都市を作って、スキタイ人との貿易に従事していた。ギリシアからは酒や油が、スキタイからは穀物、毛皮、木材、奴隷などが、それぞれもたらされた。スキタイについてのヘロドトスの知識はこれらの植民都市から得られたのであろう。しかしながらギリシアとスキタイとの間には人種の混血や文化の交流はほとんど行なわれなかった。ギリシア人の見るスキタイ人は、言語と風俗のまったく異なる、残虐で好戦的な野蛮人であったのである。

我々がヨーロッパ史を読むとき、スキタイのことがほとんど書かれていないことに気づく。スキタイは文献をもたなかったため、文献に頼る歴史学の対象にならず、わずかに考古学や美術史の分野においてその動物意匠が尊重されているのである。

❖胡服騎射

ここで目を転じて東アジアの遊牧民を見ることにしよう。西方で騎馬遊牧が生活様式として確立したのは紀元前一〇〇〇年頃であったが、それがしだいに東方に伝えられて、紀元前八〇〇年頃アルタイ山脈に達し、東アジアで騎馬遊牧が始まったのは前五〇〇年頃のことである。東アジアで最初の遊牧国家を建設したのは匈奴《きょうど》族であり、その期間は紀元前四世紀から紀元後一世紀までの約五〇〇年、中国の歴史では戦国時代から秦、前漢、後漢にかけての時代に当る。

それより以前、殷《いん》代にすでにモンゴリアの遊牧民と交渉のあったことが、殷墟より出た文献、つまり甲骨文の解読から判明している。次の周代には穆王《ぼくおう》がモンゴリアに遠征を敢行し、その記録の断片が伝えられている。春秋時代にも中国人とは言語や風俗習慣を異にする諸民族との交渉がしきりであった。彼らは東夷・西戎・南蛮・北狄と呼ばれてさげすまれていた。ところが戦国時代に入ってひとつの変革がおこった。戦国の七雄の一国でもっとも北に位置する趙《ちょう》の国で、紀元前四世紀後半に武霊王《ぶれいおう》が「胡服《こふく》騎射」を採用したことがそれである。遥か西方に発生した騎馬術がここに初めて中国に導入されたのである。胡とは中国人が北方の異民族を呼ぶ言葉であり、胡服とはスキタイ人に見られる体にぴったりした上着とズボンのことである。

それまでの中国の戦術の中心は戦車であった。輻《や》のある車を四頭の馬に引かせ、その車に三人が乗った。矢を射る者、槍を振う者、操縦者である。この戦車に歩兵が随行した。兵力は戦車の数で表わし、戦車を数える単位を乗という。諸侯は千乗、天子は万乗の戦車をもつものとされていた。だから天子のことを「万乗の君」という。ただし騎兵が出現したとはいえ、それが戦車にとって代わったのではない。依然として戦車が戦闘の主体であり、それに従う歩兵の数がふえただけである。

戦国時代の後をうけて中国統一の大業を果たした秦の始皇帝《しこうてい》は、北方の遊牧民族の侵入を防ぐために万里の長城を築いた。この頃までにモンゴリアの諸民族は単于《ぜんう》という称号をもつ主権者の下に匈奴遊牧国家を結成していた。始皇帝の作った長城は戦国時代に燕《えん》・趙《ちょう》・秦《しん》という北辺の諸国が作ってあったものを補いつないだものであり、現在の長城はずっと後に明《みん》の時代に築かれたものである。そのいずれにせよ万里の長城は中国と外国、文明世界と非文明世界との人工的・物理的な境界として、東アジアの歴史において非常に重要な意味をもつものである。西アジアでこれに相当するものを求めれば、自然のものながらアム川（オクサス川）がある。それはアラブ・ペルシア文明世界とトルコ非文明世界との境界であった。

漢代の画像石にみえる戦闘場面。一頭の馬のひく車に御者と指揮官が乗り、車の前後を４人の騎兵が守っている。

❖司馬遷の記事

匈奴問題は漢代に入っていっそう重要の度を増した。時には双方の間に和親条約が結ばれ、漢王室の娘が匈奴の単于に妻として与えられ、また衣料や食物が匈奴に贈られたこともあり、また時には漢は断乎として大軍を派遣して匈奴を討伐することもあった。漢の第六代皇帝の武帝《ぶてい》は、匈奴に追われて西走した月氏《げっし》族と結んで匈奴を挟撃しようとし、張騫《ちょうけん》を使者として月氏に送った。張騫の長年月にわたる旅行は西域についての貴重な知識を中国にもたらした。武帝の治世の中国および外国についての中国人の知識の集大成が、司馬遷《しばせん》の著わした『史記』である。紀伝体と呼ばれるその体裁は後の中国歴代王朝の公式記録、いわゆる正史の先例となったものであるが、その「史記」の「匈奴列伝」には匈奴族の慣習を次のように書いている。なお紀伝体の「紀」は本紀で皇帝の伝記、「伝」は列伝で個人の伝記のほかに外国事情も含む。少し長いが原文と読み下し文と註釈とを載せる。

逐水草遷徙。毋城郭常處耕田之業。然亦各有分地。毋文書。以言

重畳たる山を越えて進撃してくる北方民族兵士。その容貌は深目高鼻で、やや長めの上衣とズボンをつけている。先頭の歩兵の首が飛んでいる。

語為約束。児能騎羊。引弓射鳥鼠。少長則射狐兎。用為食。士力能彎弓。盡為甲騎。其俗。寛則随畜。因射獵禽獣為生業。急則人習戦攻以侵伐。其天性也。其長兵則弓矢。短兵則刀鋋。利則進。不利則退。不羞遁走。苟利所在。不知禮儀。自君王以下。咸食畜肉。衣其皮革被旃裘。壮者食肥美。老者食其餘。貴壮健。賎老弱。父死。妻其後母。兄弟死。皆取其妻妻之。其俗有名不諱。而無姓字。

　水と草を逐《お》いて遷徙《せんし》す。城郭・常処・耕田の業なし。然れどもまた各おの分地あり。文書なく、言語を以て約束を為す。児は能く羊に騎《の》り、弓を引きて鳥や鼠を射る。少しく長ずれば則ち狐や兎を射、用いて食と為す。士の力は能《よ》く弓を彎《ひ》き、尽く甲騎たり。其の俗は、寛なれば則ち畜に随い、禽獣を射猟するに因りて生業と為す。急なれば則ち人は戦功に習《な》れて以て侵伐す。其れ天性なり。其の長兵は則ち弓矢、短兵は則ち刀鋋《ぜん》なり。利あれば則ち進み、不利なれば則ち退く。遁走を羞《は》じず。いやしくも利の在るところ、礼儀を知らず。君王より以下、みな畜肉を食い、其の皮革を衣《き》、旃裘《せんきゅう》を被《かぶ》る。壮者は肥美を食い、老者は其の余を食う。壮健を貴び、老弱を賎しむ。父死すれば、其の後母を妻《めと》る。兄弟が死すれば、みな其の妻を取りてこれを妻る。其の俗は名ありて諱《い》まず、姓字なし。

〔註釈〕徙《し》は徒《と》と似ているが違う。遷も徙も「うつる」の意。毋は母と似ているが違う。「無」と同じ。分地とは氏族ごとに決まった遊牧範囲のこと。言語とはしゃべり言葉である。約束はとりきめ。士はおとなの男子。甲騎はよろいを着た騎兵。寛とは平和な時、急とは緊急の時である。長兵とは長距離用の武器、すなわち飛び道具。短兵とは近接戦用の武器である。鋋はほこ。旃はフェルト、氈《せん》とも書く、羊毛を固めて作った敷物である。裘は皮衣。後母とは前妻の子からみて父の継妻のこと。「姓字」の「字」は昔の註釈者によれば、衍《えん》、つまり余分の不用な文字であろうとのことで、取り去ってもよい。

この司馬遷の記事は匈奴についての当時の中国人の標準的な知識であり意見である。この記事の中に我々は匈奴と中国の文化の相違を読み取ることができる。たとえば「遁走を羞じず」という。しかし匈奴に言わせれば、その騎兵が前進するのも後退するのも戦術の必要にもとづくのであって、前進がよくて後退がいけないというのこそおかしい考えであろう。また父の継妻をめとることは、いくらそれが自分の生みの母親でないとはいえ、自分の母であり、それを妻とすることはまさに中国人の道徳にもとることであったろう。兄弟の妻の場合も同様である。しかし父や兄弟の死後、その妻をめとることは、あくまでも寡婦を社会的経済的に保護することがその目的の第一であって、淫らな欲望から来た習慣ではない。なお匈奴には中国のような前妻・継妻、または第一夫人・第二夫人という区別はなく、ひとりの男が同時に多数の妻を、序列なしにもつことがあったであろう。また匈奴人には中国のような姓と名はなく、また名を避けて字《あざな》を呼んだりする習慣はなく、名だけあって、それを呼ぶことは礼を失することではなかった。

❖匈奴族の立場

中国人の中には匈奴族に対して深い理解と同情をもつ人がいたことを忘れてはならない。たとえば中行説《ちゅうこうえつ》（中行が姓で説が名）がいる。第四代文帝《ぶんてい》の時代に、老上単于《ろうじょう》に嫁する漢王女の付添いとして匈奴王室に赴き、単于の信任を得た人である。この単于は中国からの衣服や食物を愛好したので、中行説は単于をいましめて言った。

「匈奴の人口が漢の一郡にも及ばなくて、しかも強い理由は、衣食が漢と異なり、漢から供給を受ける必要がないからです。もし単于が匈奴の習俗を変えて漢の物資を好むようになれば、匈奴はたやすく漢に屈服することになるでしょう。漢の絹の着物をきて草やいばらの中を走れば、着物はたちまち破れてしまいます。毛織物や皮衣の丈夫なのに及びません。漢の食物もみな捨てて、乳や乳製品を取るのが最上です。」

ここからわかることは、北方の遊牧民族の間には、長城以南の農耕地帯の豊富な経済生活に対する欲望があったことと、一方、遊牧民として困苦欠乏に耐えなければならないという理想があり、欲望と理想の矛盾をつねに感ずる立場におかれていたということである。とくにユーラシア草原の東半分では自然条件が農業に適していないため、南方の農耕地帯との対照が厳しいことも考えあわせる必要があろう。

また中行説は漢から来た使者と匈奴の習慣について次のような議論をかわし、匈奴の立場を弁護している。

漢使「匈奴は老人をいやしむというが。」

中行説「中国でも若い者が出征するとき、老いた親は自分の御馳走をとらずにそれを若者にふるまうではないか。」

漢使「そのとおりだ。」

中行説「匈奴族にとっては戦争が仕事なのだ。老人は戦争にたえられないから、自分の食べ物をへらして若者に与える。これは国を守るためだ。国が安らかであれば老いも若きも楽しめる。匈奴は決して老人を軽んじているのではない。」

漢使「匈奴では父と子がひとつのテントに寝る。また父が死ぬとその後母をめとり、兄弟が死ぬとその妻をめとる。これでは礼儀も道徳もないではないか。」

中行説「匈奴の習俗は、畜肉を食い、その乳を飲み、その皮を着る。家畜は草と水を求めて移動する。だからいざ戦争という時には人は騎射に習熟しており、平時には人は無事を楽しんでいる。法制は簡易だから実行しやすい。君臣の関係にも煩瑣《はんさ》な儀礼はなく、一国の政といってもちょうどひとつの体のようなものである。父子兄弟が死ぬとその妻をめとるのは一家の断絶を防ぐためだ。だから匈奴に内乱があっても家系はしっかりしている。ところがいまの中国は父兄の妻をめとらないとはいうものの、親属が互いに疎遠になり、殺し合うこともあり、一家の断絶にいたることもある。礼儀はすたれ、上下は怨み合い、家屋を飾りたてて生計を使いはたしてしまう。農蚕に精出して衣食を求め、城郭を築いて自衛するので、戦時には戦功に慣れておらず、平時には仕事を怠る。土の家に住むあわれな中国人よ、もっともらしいことを言い、まじめそうな顔をし、立派な服装をしていても、そんなものは何の役にも立たないぞ。」

ここでは中国人的常識が、匈奴的立場から反論されている。相手の立場を理解することはまさに人類の知恵の進歩である。ただ「父子兄弟が死ぬとその妻をめとるのは一家の断絶を防ぐためだ」（種姓の失を悪《にく》むなり）というのは、中国人的あるいは儒家的説明である。「一家の断絶」は儒家の考えでは罪悪である。もちろん匈奴族にとっても種姓の失は好ましくなく、子孫が繁栄することが望ましい。しかし父子兄弟が死んでその妻をめとる理由はこれだけではなく、前にも述べたように寡婦を保護するためである。

また文帝の時代に晁錯《ちょうそ》という政治家が匈奴と漢の軍隊の特色を次のように指摘している。まず匈奴軍の特色は

一　馬の調教
二　馬上から矢を射る技術
三　行軍力の持続と飢渇に耐えること

であり、これに対して漢の長所は次の五つ。

一　平地の車戦
二　遠距離に達する弩《ど》（矢を発射する装置）
三　一時に数本の矢を発射する弩
四　堅いよろいと鋭い刃物
五　歩兵戦闘

戦国時代に趙の武霊王が騎兵戦術を採用したとはいえ、中国の戦闘力の中心は戦車であり、弩であって、運動性に富む遊牧民の騎兵とは対照的であった。なお中国側には政治力があった。

すなわち遊牧諸民族間の分裂を利用して、遊牧民を以て遊牧民を制することがそれである。

❖南北問題の原型

匈奴と漢との関係は、その後の東アジアにおける「北」と「南」の関係の原型をなすものである。匈奴・漢関係のさまざまな問題は繰り返し現われ、モンゴル族の中国支配期においても然りである。なお前にも述べたようにユーラシア草原の西半分では、草原といっても気候温和で日射は豊富であり、水が得られるところでは農業が可能である。というよりも農業に好適であるといってもよい。広大な草原の各地に点々とオアシス、すなわち集落や耕地が存在し、遊牧民と農耕民は不断に交渉をもち、共存関係を保ってきている。一方、東半分ではその条件が農業に適さない。それに西半分にはない森林地帯もあり、ここには狩猟民が住んでいた。彼らの生活水準は遊牧民よりさらに低い。東半分と西半分を比べて、生活水準はおそらく西半分が高かったろう。東半分では困苦欠乏にたえる精神とともに、「南」の高い生活水準への羨望があったことも想像に難くない。こうして東アジアにおける長城の南北、つまり農耕地帯と遊牧地帯の截然たる区別は、東アジアの歴史に著しい特色を付与することになった。

第二章　モンゴル族の開国伝説

第一節　『元朝秘史』

❖『元朝秘史』

モンゴル族の開国伝説、換言すれば成吉思汗の先祖についての伝説にはどんなものがあるだろうか。それにはモンゴル語と漢文とペルシア語、それぞれの根本史料を参照しなければならない。まずモンゴル語史料について述べるなら、それは『元朝秘史《げんちょうひし》』、モンゴル語原語から直訳すれば「モンゴルの秘密の歴史」である。この原本が書かれたのは一二四〇年、成吉思汗の子、オゴタイ汗の時のことである。このことは、本書の末尾に「鼠《ね》の年の七月に書き終えた」という文句があり、その鼠の年というのが一二四〇年、干支でいうと庚子（かのえ・ね）の年に当るからである。ただしその後もなお少々書き加えられたようで、現在みる形が成立したのは一二六〇年以後のことといわれる。原本はウイグル文字で書かれていたらしいが、早く失われて今は見ることができない。今あるのはモンゴル語を漢字で表記したものである。「秘密の歴史」であったから、宮廷の秘府に深く蔵せられ、一般人の目にふれることはなかった。元朝が滅んで明《みん》の時代に入って、原本からの漢字による翻訳が行なわれた。翻訳といっても次の三通りある。

音訳——モンゴル語の発音を漢字で表わしたもの

傍訳——モンゴル語のひとつずつの単語の右側に漢語の訳語をつけたもの

総訳——一段落ごとにその大意を漢文で説明したもの

❖偶然に亡失を免れた文献

さてこの『元朝秘史』という書物は、現在我々が見ることができるようになるまでに数奇な運命をたどっている。明の永楽《えいらく》年間、というと一五世紀初頭であるが、『永楽大典』という類書が編集された。古今の群籍を網羅して配列したもので、『元朝秘史』もその中に収められた。『永楽大典』は正本と副本おのおの一部が作られ、正本は明末の動乱で焼失し、副本のみ清《しん》朝にひきつがれた。『元朝秘史』は『永楽大典』に収められたとはいえ、元の後をうけたその反動として、中国人の国粋主義の旺盛な時代で（万里の長城を築いたのもその現われ）このような夷狄《いてき》の文献に注意する人は稀であり、このことは清に入っても同様であった。

　ただひとり考証学者銭大昕《せんたいきん》は『永楽大典』中の『元朝秘史』の重要性に注目し、これを写し取った。そして『永楽大典』そのものはその後に起こったアロー号事件や義和団事件のためにほとんど焼失または紛失してしまうことになる。『永楽大典』中の『元朝秘史』の総訳だけを写したものが連筠簃叢書《れんいんいそうしょ》に入れられて、一八九四年に出版されたので手に入り易くなった。総訳は漢文なので中国人にもすぐ理解できたが、モンゴル語を知らない人には音訳と傍訳の重要性がわからなかったのであろう。総訳よりも音訳と傍訳の価値が高いのである。銭大昕は永楽大典本以外にも『元朝秘史』の写本のあることを知った。金徳輿《きんとくよ》という人の所有するものである。校勘学者である顧廣圻《ここうき》もこの写本に注目したが、彼はまた張祥雲《ちょうしょううん》なる者のもつ写本を発見した。これは金徳輿本とは異なる写本で、しかもこれが通体完善なるものと判明し、これによって『元朝秘史』の校勘本を作成した。これが現在ある『元朝秘史』の原本である。

　この原本は転々と人手に渡った後、清朝王室の人で国子祭酒、つまり国立大学総長の地位にあった盛昱《せいいく》の手に入った。翰林学士《かくりんがくし》文廷式《ぶんていしき》は侍郎李文田《りぶんでん》とともに、その本から一部ずつを筆写した。こうして『元朝秘史』の完全なテキストは三部となった。明治三二年（一八九九）に文廷式が日本を訪問した際、日本の東洋史学者内藤湖南《ないとうこなん》は廷式に対し『元朝秘史』の写本一部を求めたところ、六冊から成る写本が湖南のもとに届けられた。湖南はそれから東京高等師範学校教授那珂通世《なかみちよ》のために写本一部を作った。那珂はこれにもとづいて『元朝秘史』を研究し『成吉思汗実録』と題する翻訳を完成した。

『元朝秘史』は成吉思汗時代の史料として、また中世モンゴル語研究の資料として、もっとも重要なものである。これが中国人によって夷狄の文字として無視され抹殺されかかっていたところを、銭大昕ら少数の具眼者によって発見され、保存されたのは、はなはだ幸いであった。歴史の記録なるものは決して神によって作られ神によって残されるのではない。人間によって作られ、人間によって保たれたり失われたりする。記録それ自体が歴史を帯びている。モンゴル史についても『元朝秘史』以上に貴重な記録があってそれが早く亡失してしまっているかもしれないのである。

❖蒼き狼となまじろき鹿

さて『元朝秘史』の冒頭に成吉思汗の祖先のことが書いてあり、その内容を紹介するとともに、表記法をも知るために、原文のまま写してみる。漢字ばかりであるから日本人には親しみやすいであろう。

上　天　処　命有的　生了的　蒼色　狼　有（来）
迭額列　騰格理―額扯　札牙阿禿　脱列克先　孛兒帖　赤那　阿主兀
舌　舌　舌　舌
妻　他的　惨白色　鹿　有来
格兒該　亦訥　豁埃　馬闌勒　阿只埃
舌　中　舌

當初元朝的人祖。是天生一箇蒼色狼。與一箇惨白色的鹿相配了。

「迭額列《デエレ》……」の行はモンゴル語の発音を漢字で表わしたもの、音訳である。「列」の左側に「舌」と小さく書いてあるのは、「列」字の子音が中国語としては英語のl（エル）の音であるが、モンゴル語としてのデエレのレの子音は捲舌音であることを示す。「迭額列」の右に「上」とあるのはいわゆる傍訳で、その単語の意味が「上」であるということである。「……額扯《エチエ》」は「……から」の意。日本語でも「から」は後に付く。しかし中国語では「から」に当る「従」は「従……」と前にくる。場所を示す語「処」は後にくるので、それをここに使ってある。しかし「処」は必ずしも「から」の意味ではない。「脱列克先」と「克」を小さく書いてあるのは、その音が子音だけで母音なしであることを示す。「格兒該《ゲルゲイ》」は傍訳のとおり「妻」、「亦訥《インヌー》」は「他的《かれの》」。「かれの妻」をモンゴル語では「妻・かれの」と表わす。「豁埃《ゴアイ》」の豁の左に「中」とあるのは、その音の子音がgとhの中間の音、普通にgh、またはギリシア文字γ（ガンマ）で表わされる音である。「當初元朝的人祖」以下は総訳であり、その文体は古典的ないわゆる漢文でなく、明《みん》代の口語文である。

この文章に対して那珂通世は次のような訳文をつけている。

「上天《たかまのはら》より命《みこと》ありて生《うま》れたる蒼《あをき》き狼《み》ありき。その妻《つま》なる惨白《なまじろ》き牝鹿《めじか》ありき。」

「たかまのはら」とは日本の開国説話にちなんだ言葉である。太古にイザナギノミコトとイザナミノミコトという二神がアマテラスオオミカミ（天照大神）を生んだ。この神は高天原《たかまのはら》という架空の天上を統治していたが、その子ニニギノミコトを日向《ひうが》の高千穂峰《たかちほのみね》に降臨させた。日本の統治者たる天皇はこのニニギノミコトの子孫である、というのが『古事記』に見える日本の開国説話であり、那珂通世は日本民族の『古事記』がまさにモンゴル族の『元朝秘史』に相当するとして、上天という漢語に「たかまのはら」という大和言葉《やまとことば》をあてたのである。

とにかくここではモンゴル族の先祖が狼と鹿であったことが語られている。この両人から生まれたのがバタチカンで、それから一〇代目にドブン＝メルゲンという男があり、その妻をアラン＝ゴアといった。彼らの間にふたりの子が生まれた。ブグヌタイとベルグヌタイである。そのうちにドブン＝メルゲンは死んだが、その後でアラン＝ゴアはさらに三人の子を生んだ。ブグ＝カタギ、ブカト＝サルジ、ボドンチャルである。ブグヌタイとベルグヌタイは母を疑った。母アラン＝ゴアは夫なくして子供が生まれた理由を次のように説明した。那珂訳を引用しよう。

夜ごとに光る黄色の人、房《へや》の天窓の戸口の明処《あかるみ》より入りて、我が腹を摩《さす》りて、その光は我が腹の内に透るなりき。出《い》ずるには日月の光にて、黄狗《きいぬ》の如く爬《は》いて出ずるなりき。軽率に何ぞ言う、汝等。これにて察《み》れば、明かに彼の（光る人の子）は皇天《あまつかみ》の御子なるぞ。黒き頭の人（黎民《れいみん》、黔首《けんしゅ》）に比べて何ぞ言う、汝等。合木渾合惕《カムクンカト》（普《あま》ね君、すめらぎ）とならば、民草《たみぐさ》はそこに覚《さと》らんぞ。

ここではアラン＝ゴアが光に感じて妊娠し三人の子供を生んだことが述べられている。そのひとりボドンチャルの子孫が成吉思汗である。

第二節　『年代記彙集《ジャーミウッタワリーフ》』

❖ペルシア語によるモンゴル史

イル汗朝の宰相であったラシードウッディンの『年代記彙集《ねんだいきいしゅう》』（日本では一般に『集史』と呼ばれる。中国では『史集』と訳されている）はペルシア語で書かれており、これまたモンゴル史の研究には欠くべからざる文献である。彼の生涯は一二四七年から一三一八年までで、イル汗朝の第七代ガザン汗と第八代ウルジャイトゥ汗に仕えた。ラシードウッディン（以下ラシードと略す）がガザン汗からモンゴル史を編集するよう命ぜられた時、イル汗王室の秘庫にはモンゴル文・モンゴル文字で書かれた公文書が未整理のまま保管されていた。ラシードはペルシア語のほかアラビア語にも堪能であったが、モンゴル語は解さなかった。したがってこのモンゴル語文献を直接に利用することはできず、元朝からイル汗朝に派遣されていた大使プーラード＝チンサンや、ガザン汗自身（彼も博識であった）から、モンゴル史の材料を口移しに供給された。モンゴル史編集の仕事はガザン汗の存命中には終らず、その弟ウルジャイトゥ汗の治世に

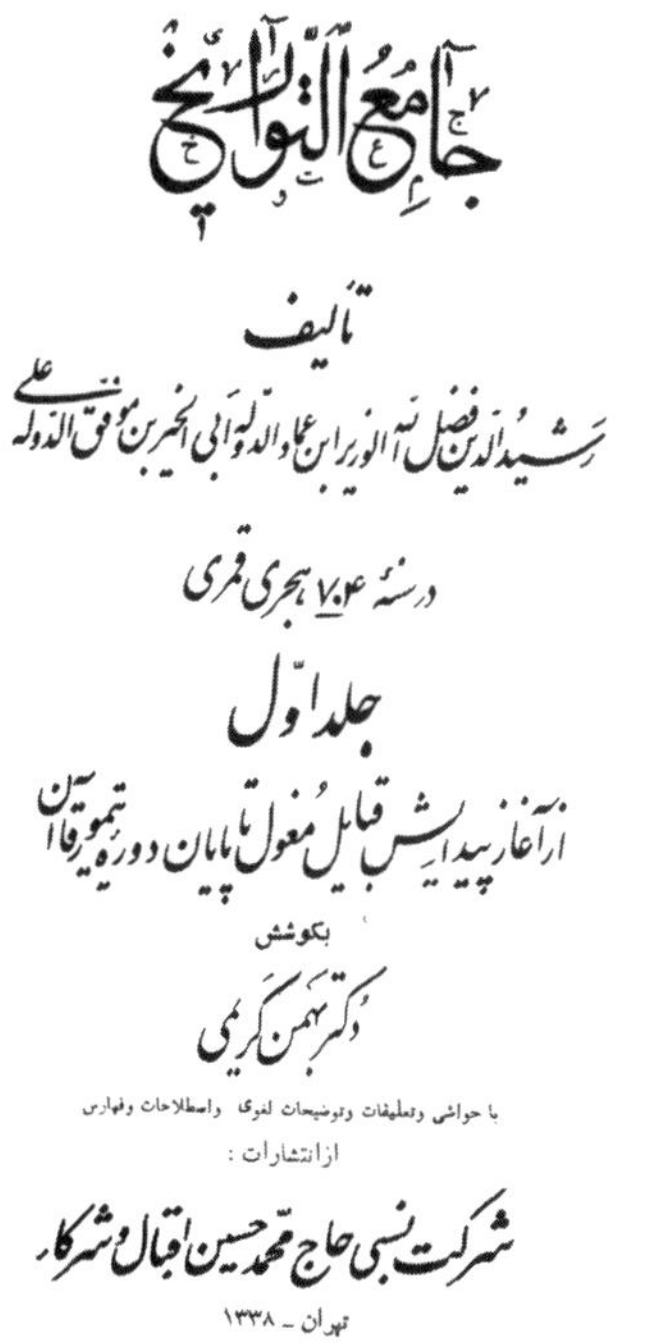

『年代記彙集』の表紙。アラビア文字で右から左へ横書きされている。1959年、イランのテヘラン出版。

入って完成した。一三一〇年または一一年のことである。『年代記彙集』は『元朝秘史』が叙事詩的なのと違って堂々たる歴史書の体裁をもっている。その構成は次のとおりである。

第一部　トルコ-モンゴル族の歴史
第一巻　トルコ-モンゴル族の初期から成吉思汗の死まで
第二巻　オゴタイ汗の即位からチムール汗の死まで
第三巻　フラグ汗の即位からガザン汗の死まで
第二部　一般史
第四巻　序論　ササン朝崩壊までのイラン古代史預言者マホメットの伝記
第五巻　アブー=バクルからムスタアシムまでのカリフの歴史
第六巻　イランにおける後期イスラム諸王朝史（ガズニ、セルジューク、ホラズム、サルガリ、イスマイル）
第七巻　その他、すなわちトルコ、中国、イスラエル、フランク、インドの歴史

少し説明を加えよう。ラシードはモンゴル族をトルコ族の中に入れているが、ここではいまの学界の通説に従って並列的に書き表わした。第二巻は途中でフビライ（クビライ）汗（世祖）の時から元朝となる。チムール汗（成宗）はイル汗朝のガザン汗と同時代の人である。第三巻

はラシードの時までのイル汗朝の歴史である。第五巻のアブー＝バクルとはマホメットの後継者で第一代カリフとなった人、ムスタアシムは一二五八年にフラグ汗がバグダードを占領した時のカリフで、この時に殺され、カリフ制の終末、アッバス朝の滅亡となった。

成吉思汗についての記事は第一部第一巻に入っているので、その巻の目次を紹介しよう。

第一巻　トルコ‐モンゴル族の初期から成吉思汗の死まで

序　トルコ‐モンゴル族概論

第一章　ウグズ系諸部族（ウイグル、カンクリ、キプチャク、カルルク、カラジ、アガチェリ）

第二章　現在はモンゴルと呼ばれているが元来はそうでなかったもの

第三章　独立諸部族

第四章　昔からモンゴルと呼ばれているもの

第一節　一般モンゴル

第二節　純正モンゴル（成吉思汗の系統）

第五章　成吉思汗の祖先

第六章　成吉思汗

ラシードウッディンと同時代の元朝の皇帝成宗チムール。

❖トルコ族の先祖はノア

さてラシードの『年代記彙集』によって成吉思汗までのトルコ族（モンゴル族を含む）の伝説ないし歴史を述べてみよう。トルコ族の先祖はキリスト教の伝説でノアの方舟《はこぶね》として名高いノアである。イスラム教でもアダム、ノア、イブラヒム、モーゼ、イエスたちを偉大な預言者として尊敬している。もちろん彼らよりもマホメットの方が偉大であり、マホメットを最後の預言者と考えているのであるが。そのノアに三人の子、セム、ハム、ヤペテがあった。旧約聖書の創世記にも「ノアの子等の方舟より出でたる者はセム、ハム、ヤペテなりき」とある。ノアは土地を南・中・北に分け、それぞれハム、セム、ヤペテに与えた。ハムは黒人の、セムはアラブ人とペルシア人の、ヤペテはトルコ人のそれぞれ先祖となった。ヤペテのことをトルコ人はアブルジャ汗と呼んだ。彼は遊牧民であった。

アブルジャ汗にひとりの子供があり、名をディブ＝バクイといった。ディブとは玉座、バクイとは族長の意味であるとラシードはいう。彼には四人の子供があった。カラ汗、ウル汗、カル汗、カズ汗で、カラ汗が父の地位を継いだ。

❖ウグズのイスラム教入信

カラ汗に男子が誕生した。ところがこの子は三日三晩、母の乳を飲もうとしなかった。どんなにしても乳を求めようとしなかったので、母は泣いて悲しがった。母は夢を見た。夢の中でその子は母に言った。

「おかあさんが神を信ずるようにならなければ、私はおかあさんの乳を飲みません。」

母は考えた。自分の夫も一族もみな異教徒である。もし私が神を信ずることが知れたら、夫は私を子供もろとも殺すだろうと。彼女はそれでひそかに神を信ずることにした。すると子供は母の乳房にしゃぶりついて乳を飲み始めた。これがトルコ族のイスラム教入信についての伝説である。子供は一年たつと光り輝く美しい子供に成長した。父親は一族や仲間の者を集めて、何という名を付けようかと相談した。一歳の幼児はそのとき大声で叫んだ。

「ウグズとつけてください。」

一同は大いに驚いた。これこそは神の導きの賜物であるというので、そのとおりウグズと名づけた。ウグズ（またはオグズ、グズ）はトルコ語で牡《お》ウシのこと、トルコ族のトーテム獣である。

ウグズが成年に達すると、父カラ汗は彼のために自分の弟の娘をめとってやろうとし、まず善良で貞潔なカル汗の娘を候補とした。ウグズはひそかに彼女に尋ねた。

「あなたが神を信ずるなら、私はあなたを愛し、あなたを妻としよう。」

彼女はこれを拒絶して言った。

「このことをあなたのおとうさまに申し上げたら、おとうさまはあなたを殺しますよ。」

ウグズはそのため彼女を愛さなかった。それを見て父は次にカズ汗の娘をすすめた。ウグズは彼女にも同じことを言ったが、彼女もそれを受け入れず、神を信じようとしなかった。それでウグズは彼女のところへ寄りつかなかった。そこで父はウル汗の娘を候補とした。

ある日、ウグズが狩から帰ってくると、ウル汗の娘は川辺に立って、奴隷女たちが川で洗濯しているのを眺めていた。ウグズは彼女に近づいて、そっとささやいた。

「ほかの女たちを愛することができなかった理由は、私が神を信ずるように求めたのに彼女たちが聞き入れなかったからだ。今もしあなたが唯一の偉大な神を信ずるなら、私はあなたを愛して妻としよう。」

ウル汗の娘は答えた。

「私は神のことはよく存じませんが、あなたのおっしゃるとおりにいたします。」

そこでふたりは婚約した。ある日、父カラ汗はウグズの愛を得られなかった少女たちを呼び、なぜウグズが彼女たちと婚約に至らなかったかを問うた。彼女たちはウグズに愛されなかったことを怨んでいたので、こう言った。

「ウグズは天地にひとつの神を信じており、私たちにもそのとおりするよう強制しました。私たちがそれをことわったので、彼の気に入られなかったのです。ウル汗の娘は彼に従って神を信ずることにしましたので、彼の愛をかちとり、私たちを敵視しています。」

この時ウグズは家来や友達とともに狩りに出かけていた。父カラ汗は自分の兄弟やその子達、親戚、将軍たちを集めて言った。

「わが子ウグズは小さい時は幸あり能ある子として可愛く思ったが、今は悪いことを覚えて、我我の宗教に背を向けた。あいつを生かしてはおけない。」

一同この言葉を聞くや、ウグズに対する怒りを覚え、彼を亡き者にしようと誓い合った。ウグズの妻となっていたウル汗の娘はこのことを知るや、信頼する近隣の女をウグズのもとに遣わして通報させた。ウグズは戦闘の用意を整え、家来や友人を狩り場へ呼び集めた。彼の父も軍勢を整えた。両軍とも一列に展開して戦闘が開始された。カラ汗は戦闘中に刀で切られて傷つき、その傷がもとで死んだ。ついにウグズは敵軍を破って、全トルコの支配者となった。異教徒であった敵方の人々も次第にイスラム教という一神教に帰依するようになった。当時のウグズが支配下においたのは、タラス川、サイラムからブハラまでの地域であったと、ラシードはいう。ほぼアム川とシル川の間で、これがトルコ族の原住地なのであろう。

彼は金の大天幕を張って大宴会を催し、一族や将軍たちを招待し、全兵士を慰安した。この宴会に出席した一団に「ウイグル」という称号が与えられた。ラシードによれば、それはトルコ語で「同盟、協力」の意味であるという。彼らが「ウイグル」族の先祖となった。同時に他の集団にもそれぞれ「カンクリ」「キプチャク」「カラジ」「アガチェリ」という名前が与えられた。

❖ウグズの子孫

さてウグズを頭とするトルコ諸部族は、そののち人口もふえ、みずからの住地からアム川を渡って南下し、ペルシア人（当時はタージークと呼ばれていた）の土地へ入りこんで来た。気候の変化により（とラシードはいう）トルコ人の容貌は次第にペルシア人に似通ってきた。イラン人は彼らのことを「トルコマン」と呼んだ。トルコ人的な人という意味である。

ウグズには六人の子供があり、その名を「クン汗」（日の王）、「アイ汗」（月の王）、「ユルドゥズ汗」（星の王）、クク汗（空の王）、「タク汗」（山の王）、「ディンギズ汗」（海の王）といった。ある日この兄弟六人はいっしょに狩りに行き、一張りの金の弓と三本の金の矢を拾った。兄弟はそれらを父ウグズのところへ持って行き、どのようにそれらを分けるかを尋ねた。父は弓を兄弟の上三人に与え、彼らをその子孫にブズグと名のらせることにした。ブズグとは「割る」という意味で、必要なときには割って分けることができるようにということである。下の兄弟三人には三本の矢を一緒にして与え、ウジュクという称号を与えた。ウジュクとはウジークク、つまり三本の矢ということである。また上の兄弟には右翼の軍隊を、下の兄弟には左翼の軍隊を、それぞれ授けた。右が左より上位なのである。なお弓は主権者の、矢は使者の象徴である。

ウグズの六人の子供にそれぞれ四人の子供ができ、ウグズは二四人の孫をもつことになった。ラシードによれば、この二四人の孫のことは詳しいが、彼らの子孫がどうなったかはわからないという。彼によればトルコ人は文字も書物もなかったので、正確な歴史はなく、ただ出来事が口から口へと語り伝えられたにすぎないとのことである。

ウグズについてのラシードのこのように詳細な記述は、トルコ人の開国説話として知られていたものが、トルコ人のペルシア来住とともにペルシアに持ちこまれたものであろう。とくにセルジューク朝（一〇三七―一一五七）がウグズ（グズ）の子孫の一派の建てた王朝であることは、ラシードが書いているとおりで、その時期に広まった話であろう。モンゴル人、そして成吉思汗の先祖とは関係のない話であるが、ラシードはモンゴル人もトルコ人の一派だと考えていたから、ウグズについての話も書き留めたのであろう。

❖エルグネ山中の人々

『年代記彙集』による第一巻の第二章「現在はモンゴルと呼ばれているが元来はそうでなかったもの」と第三章「独立諸部族」とは、ラシードによれば、時代が古いため各部族の系譜がはっきりしないものであり、第四章「昔からモンゴルと呼ばれているもの」は系譜のはっきりしているものであるという。ラシードの分類は当時の知識を結集したもので、かならず拠るべき労作である。

第二章に入っている部族には、ジャライル、スンニト、タタール、メルキト、オイラートなどがあり、それらはモンゴリアの東部および東北部に住み、モンゴル語使用者であった。第四章のいわゆるモンゴル族もこれと同類である。元朝に入って彼らは「蒙古人」として支配民族としての特権を与えられた。

それに対して第三章は、ケレイト、ナイマン、オングート、タングート、キルギスなどの部族であり、これはモンゴリア西部を住地とするもので、言語もモンゴル語、トルコ語、タングート語などさまざまである。元朝治下では「色目人」と呼ばれ、蒙古人に次ぐ地位を得た。文化水準を比べると、この第三章の諸民族が第二章、第四章のそれより高い。

さて重要なのは成吉思汗を生んだ第四章の部族である。それはラシードによれば、一般モンゴルともいうべきドルルキンと、純正モンゴルともいうべきニルンとに分けられる。まず一般モンゴルについてのラシードの記事を紹介しよう。

ラシードによれば、一般モンゴルの住地は、西はウイグル領から東は契丹、女真の地までで、そこはモグーリスタン（モンゴル人の地）と呼ばれていた。彼らは「今」つまりラシードの時代から二千年前には、他のトルコ系諸部族との争闘に日を送っていた。「信頼すべき伝承によれば」モンゴル族は敗れてほとんどが殺され、わずかに二人の男と二人の女、つまり二家族だけが生き残った。彼らは逃げて山の中に入った。そこへ通ずるのは細い道が一本あるだけで、それを通るのは大変困難であった。山の中には牧草の豊かな平地があり、その地名をエルグネークンといった。クンとはラシードによれば「山の中」という意味である。この二家族の名をヌクズとキヤンといった。

長い年月を経る間に彼らの人口は増加し、多くの部族に分かれるようになった。彼らのことをドルルキン、つまり一般モンゴルと呼ぶ。なおラシードによれば、モンゴルは元来はモンクｰウルであり、その意味は「落ちぶれて、単純な」であるという。またキヤンとは「大洪水」の意味で、彼らは強大で勇敢であったので、この名がつけられたのである。

人口の増加によりこの山中は過密となり窮屈になったが、彼らは周囲の岩壁にとじこめられて身動きもできなくなった。そこで彼らは脱出する方法を相談した。そして山の中に鉄の鉱山を発見した。七〇頭の馬と牛を殺して皮をむき、七〇個のふいごを作った。薪や炭を大量に集め、七〇個のふいごを一度に吹いて鉄鉱を熔かすと、そこに道が開けた。こうして全員が山の中から広い平野へ出ることができたのである。エルグネークンで鉄を熔かしたことを忘れないために、成吉思汗一族の習慣として、新年の前夜に鍛冶屋を集め、爐と炭を用意し、鉄を熔かして金床《かなとこ》の上にのせ、槌でそれを叩いて延ばす。これが上天に感謝する儀式である。

❖光に感じた寡婦

このエルグネ山中にいたキヤンの血統からドブン＝バヤンという人が出た。『元朝秘史』のドブン＝メルゲンである。その妻をアラン＝ゴアといった。この夫婦の間に子供がふたり生まれた。バルクヌトとブクヌトである（名前は『秘史』と少し違う）。ドブン＝バヤンが死んで、アラン＝ゴアは寡婦となった。ある日、彼女が天幕の中で眠っていると、空気抜きの穴から光が入ってきて、彼女の腹の上に下りた。彼女は驚き恐れ、誰にも言うことができなかった。そのうちに彼女は自分が妊娠していることを知った。彼女の兄弟や夫の親戚が集まって来て言った。

「女が夫を亡くして、こっそりと男をこしらえて子供を作るとはどうしたことか。」

彼女は答えて言った。

「女が夫なしで子供を作ることは、あなたがたには考えられないことでしょう。ほんとうにそのとおりです。しかしどうしてこんな恥かしいことになったかと申しますと、毎晩灰色の人間がゆっくり私に近づきまたそろそろ帰っていくのです。本当にそのとおりですとも、私がこの目で見たのです。それ以外のことを色々お考えになっても、それはみなまちがいです。私から生まれる子供たちは、大きくなると、王とも汗ともなる人です。その時にはあなたがたにも私の本当のことがおわかりになるでしょう。」

これを聞いた人々は彼女の話をもっともとして、彼女の貞潔を信ずるようになった。そしてアラン＝ゴアから三人の子供が生まれた。ブクン＝カタギ、ブスン＝サルジ、ブズンジャル汗(『秘史』のボドンチャル)であり、この家系がニルンで、その意味は「純潔な母体」であるとラシードはいう。

第三節 『元 史』

❖感生伝説

成吉思汗についてのモンゴル語、ペルシア語、漢文の文献をその成立の年代順にとりあげて、ここに漢文文献たる『元史』に至った。中国の正史のひとつである。正史はその王朝が滅びて次の王朝に入って編集されるのが普通で、『元史』の編集は明《みん》の洪武《こうぶ》年間、一三六九年から七〇年にかけてである。成吉思汗についてのまとまった伝記は、いうまでもなくその本紀（皇帝の伝記）に見出される。『史記』の場合と同様、原文と読み下し文を紹介しよう。

元史太祖本紀

太祖法天啓運聖武皇帝。諱鐵木真。姓奇渥温氏。蒙古部人。其十世祖孛端叉児。母曰阿蘭果火。嫁脱奔咩哩犍。生二子。長曰博寒葛答黒。次曰博合都撒里直。既而夫亡。阿蘭寡居。夜寝帳中。夢白光自天窓中入。化為金色神人。来趨臥榻。阿蘭驚覚。遂有娠。産一子。即孛端叉児也。孛端叉児。状貌奇異。沈黙寡言。家人謂之癡。独阿蘭語人曰。此児非癡。後世子孫。必有大貴者。

太祖法天啓運聖武皇帝、諱《いみな》は鉄木真《テムジン》、姓は奇渥温《キヤン》氏、蒙古《モンゴル》部の人なり。其の十世の祖は孛《ホ》端叉児《ドンチャル》、母を阿蘭果火《アランゴア》と曰《い》い、脱奔咩哩犍《ドブンメルゲン》に嫁ぎて二子を生む。長を博寒葛答黒《ブグカタギ》と曰い、次を博合都撒里直《ブカトサルジ》と曰う。既にして夫亡くなり、阿蘭は寡居す。夜、帳の中に寝るに、夢に白光が天窓より中に入り、化して金色の神人と為《な》り、臥榻《がとう》に来り趨《はし》る。阿蘭は驚きて覚《さ》め、遂に娠《はら》むあり、一子を産む。即ち孛端叉児なり。孛端叉児は状貌奇異にして沈黙寡言。家人これを癡《ばか》と謂《い》う。独《ひと》り阿蘭のみ人に語りて曰く「此の児は癡に非《あら》ず。後世の子孫、必ず大貴なる者あらん」と。

この『元史』によれば成吉思汗の先祖はアラン＝ゴアから話が始まっている。彼女は夫ドブン＝メルゲンの死後、光によって妊娠してボドンチャルを生み、これが成吉思汗の祖先になったとしている。『元朝秘史』と『年代記彙集』ではボドンチャルのほかにもうふたり生んだことになっているが、この相違を除けば、三種の文献に共通なのはこの『元史』の話であり、ボドンチャルはまさしく成吉思汗の直接の先祖である。

『秘史』にいう狼と鹿の話はどうか。狼と鹿の子孫にドブン＝メルゲンがあった。しかしボドンチャルは彼の子ではない。したがってドブン＝メルゲンとボドンチャルの間には血統上の断絶がある。狼と鹿の話と、アラン＝ゴアの話は元来は別の系統の伝説で、それがのちに結びつけられたものといえるかもしれない。つまり狼と鹿の伝説は成吉思汗の伝説とは別のものであったのであろう。

ラシードのウグズ伝説はどうか。それは明らかに西アジアのトルコ族のものであり、成吉思汗とは関係ない。またエルグネ山中の人々はヌクズとキヤンであり、ドブン＝バヤンはキヤンであるが、ボドンチャルはその血を引いていない。

『元朝秘史』『年代記彙集』『元史』という根本史料からいえることは、成吉思汗の先祖についての伝説はアラン＝ゴアに始まるということである。狼と鹿、エルグネ山中の人々の話がどこのものであったかは正確に決めることはできない。がしかしこれらの話はユーラシア北方草原の諸民族のどれかで語り伝えられていたものが、成吉思汗に結びつくように後で整理されたものと考えてよいであろう。ラシードのいうニルン、つまり「純正モンゴル」はアラン＝ゴアの家系をさす。

❖いみなはテムジン

『元史』太祖本紀の漢文についていくつかの註釈を加えてみよう。まず「太祖」とは廟号である。廟号とは中国の皇帝が死んでみたまやに祭られる時に与えられる名号であり、中国の皇帝は一般にこの廟号で呼ばれ、日本の歴史辞（事）典もそれで出ている。太祖という廟号は一般に王朝の初代皇帝につけられ、太宗が二代目につけられるものである。次の「法天啓運聖武皇帝」は謚《おくりな》である。おくりなとは人が死んだあと、生時の行跡にちなんでつける号である。太祖成吉思汗には、まず世祖フビライの時に「聖武皇帝」とおくりなし、ついで武宗ハイシャンの時に「法天啓運」の四字を付加した。それだけ尊敬の念が増加したわけである。

次に諱《いみな》とは何かというに、一般に中国人には姓と名があり、名のほかに字《あざな》もあった。名は生まれた時につけるもの、字は元服して社会人となってからのものである。その人が死ぬと、名をいみなとして、忌《い》んでそれを避ける。奇渥温はラシードの『年代記彙集』に見えるエルグネ山中の人々の一派であるキヤンである。

❖姓はキヤン氏

中国では元来は姓と氏に区別があったが、秦漢時代以後、姓と氏とは同じものとなり、姓は何某氏と言い表わすようになった。蒙古はモンゴル、部は部族である。

この『元史』太祖本紀は成吉思汗を中国の皇帝として扱っている。したがってモンゴル族固有の習慣との間にずれが見られる。たとえば諱はモンゴル族にはなかった。テムジンとは成吉思汗が生まれてから成吉思汗と称するまでの名前である。彼の生前でも死後でも、彼をテムジンと呼ぶことはモンゴル人の習慣では一向に差支えないことであった。ところが彼を中国の皇帝と見なす時、彼の名を呼ぶことは礼を失するのである。また姓はキヤンといっても、中国人の姓がつねに名と一緒に呼ばれるのとは異なる。キヤンは家族名というよりは氏族名である。同じ北方民族である匈奴族でも同様であった。『史記』匈奴列伝に「其の俗は名ありて諱《い》まず、姓なし」とあったことを思い出そう（第一章第二節）。匈奴の単于の姓は攣鞮《らんてい》氏であったが、この姓もやはり名に付けて呼ばれるものではなかった。

なお光が入ってきた天窓とは、帳つまりテントのてっぺんにあけてある明りとりと空気抜きのための穴である。臥榻《がとう》はベッドであるが、それは中国人の用いるもので、当時の一般のモンゴル人は地面に敷いたフェルトの上に寝ていたはずである。

II

王者への道

第二章　成吉思汗の登場

第一節　テムジンの誕生

❖どこで生まれたか

『元朝秘史』によれば「エスゲイ゠バアトルはタタール族（『年代記彙集』の第一巻第二章にあり）と戦い、その領袖であるテムジン゠ウゲとゴリブハたちタタール人を捕虜として帰って来た。そのとき彼の妻ホエルンはみごもっており、オノン河畔のデリウン‐ボルダク山にいる時、成吉思汗が生まれたのである。生まれる時、右手に骨の玉のような血の塊りを握っていた。タタール族のテムジン゠ウゲを捕えた時に生まれたというので、テムジンと名づけた」。ラシードもほぼ同じことを伝えている。

このデリウン‐ボルダク（ボルダクは「山」「峰」の意）はどこにあるかについては種々の説が

ある。ドーソンの『モンゴル帝国史』は、ロシアと清朝の国境付近だとする。フランスの東洋学者ルネ＝グルセの『アジア遊牧民族史』によれば、現在はロシア領で、東経一一五度のあたりだという。またイスラム百科辞典の成吉思汗 Cingiz-Khān の項はイギリスのペルシア史・モンゴル史家ボイルが執筆しており、デリウン-ボルダクは今日の東シベリアのチタ地区にあるとしている。

日本では小林高四郎『ジンギスカン』によれば「外モンゴルのオノン河の流れにほど近く、いまもその名を残すデリウン・ボルダク」とある。現在もその名が残っているということは、小林氏訳のウラジミルツォフ『チンギス・ハン伝』が書いていることである。また村上正二訳註『モンゴル秘史』（元朝秘史）では、モンゴル人学者の説をのせており、それによると、オノン川の源で、モンゴル族発祥の聖地ブルカン岳に近く、現在はモンゴル国にあるとのことである。

デリウン-ボルダクの名が今も残っているというのは、ネルチンスクのロシア人商人ユリンスキーなる者がその地を訪査し、オノン川の右岸で、エケアラルという河洲の上流七ヴェルスト（約七キロ）の地点に見つけたことを、那珂訳『成吉思汗実録』のデリウン-ボルダクの註釈に載せているその話にもとづくのであろう。もしそのロシア人商人の言が正しければ、もはや問題はなく、モンゴル人学者の論文も必要なかったであろう。『秘史』のあとのところに

「デリウン孤山」とあるから、平野の中に孤立した山であったのであろう。とにかくこの山の位置は文献からは確証することができない。論者の主張を綿密に検査して、もっとも納得のいくものを採用すべきであるが、ここでは十分な用意がないのでこれ以上の追究は保留する。

❖いつ生まれたか

次の問題は成吉思汗が何年に生まれたかということである。前にあげた三種の文献に当ってみよう。

まず『元朝秘史』は生まれた年については何も語っていない。

次に『年代記彙集』にはこのことについてやや長い叙述が見られる。

「彼の誕生の時から、猪の年の初め、それはイスラム暦五四九年一一月に当るが、その時から、次の猪の年、すなわち五六二年四月まで、この期間彼の父エスゲイ＝バアトルは存命であった。そして彼が一三年目の年の終りに、エスゲイ＝バアトルは死に、成吉思汗は一三歳にして世に残されたのである。

成吉思汗と彼の父の時代には、占星学者たちは天文表による時間決定に関心を払わず、歴史家たちもまた月や日を確定しなかったので、彼の誕生の日や時刻は正確にはわからない。しかしながらモンゴルのすべての王族・将軍・貴族にとって明瞭なることは、彼の生涯が七二年であったこと、七三年目に死んだことである。そして信頼すべき占星学者たちは、彼の死については記しており、それは彼の偉大な治世の終末であるのだが、それは猪の年の秋の月の半ば、月の一五日過ぎのことであった。」

この叙述の前半と後半は性質の違うもののようであり、後半の方が信用できる。前半にいうイスラム暦五四九年一一月は西暦一一五五年、干支は乙亥《きのとい》であり、五六二年四月は一一六七年、丁亥《ひのとい》である。そこでは成吉思汗は一一五五年に生まれ、六七年に父を失ったといっている。また同じくペルシア語文献でラシードより早く、フラグの時代にイル汗朝に仕えたジュワイニーの『世界征服者の歴史』には、世界征服者すなわち成吉思汗についてその生年については何も述べず、没年をイスラム暦六二四年九月四日（西暦一二二七年八月一八日）としており、ラシードもこれを引いている。一二二七年は丁亥であり、ラシードに従えば、成吉思汗が生まれたのも、父を失ったのも、死んだのも、すべて亥（猪）の年であったことになり、そこに作為が感じられないでもない。「猪の年の秋の月の半ば、月の一五日過ぎ」という稚拙な言い方は、ラシードが聞いたモンゴル人の話をそのまま書きとめたものかもしれない。

次に『元史』太祖本紀は、成吉思汗の生年については何も書かず、その死について次のようにいう。

二十二年丁亥。……秋七月壬午。不豫。己丑崩。……寿六十六。

『世界征服者の歴史』の最古の写本の奥付。1290年のもの。(パリの国立図書館所蔵)

二十二年とはテムジンが成吉思汗と称した年、一二〇六年を太祖の元年として勘定したもので、二十二年とは一二二七年に当る。その干支は丁亥である。なお、モンゴル帝国で年号が作られるのは世祖フビライの時である。秋七月は旧暦による月、壬午《じんご》は日を干支で表わしたもので、その月では五日に当る。不豫とは天子が病気になること。己丑《きちゅう》は壬午から数えて七日目であるから、七月一二日である。太祖二十二年秋七月一二日は西暦一二二七年八月二五日に当る。崩とは天子が死ぬこと、寿とは年とった人の年齢である。

『元史』の本紀を太祖から順に見ていくと、生年月日の記載がしだいに明瞭になっていることがわかる。

第二代　太宗オゴタイ　生年の記載なし
第三代　定宗クユク　丙寅《ひのえとら》の年(一二〇六)
第四代　憲宗メンゲ　戊辰《つちのえたつ》(一二〇八)一二月三日

第五代　世祖フビライ　乙亥《きのとい》（一二一五）八月乙卯（二三日）

このことは太祖・太宗の頃にはまだその生年を記録していなかったことを物語っている。

では学者たちは成吉思汗の生年についてどのような説を出しているか。

日本の那珂通世は一一六二年とする。その根拠は『元史』である。成吉思汗の死は一二二七年で、そのとき彼の年齢は六六、これは数え年であるから満では六五。逆算すると一一六二年となる。しかし問題は六六歳という数字が何にもとづくかである。おそらく確固たる根拠はないであろう。しかし故人に対してその年齢を記載するのは中国人の礼儀である。まして相手は皇帝である。おそらく生存中に、成吉思汗を直接に知っている高官の推定によって彼の年齢が作られ、それが通用していたのであろう。太宗オゴタイについても、『元史』はその生年を書かないのに、死んだ時には「寿五十有六」と記しているのである。

次にドーソン、ウラジミルツォフ、バルトルドたちは一様に一一五五年説をとる。その根拠はラシードの記事であって、成吉思汗が七二年を生きて、一二二七年に死んだとあるのによる。

ペリオは一一六七年としている。そしてこの説が近頃は有力である。

しかしいずれにせよ成吉思汗の生年の決め手はない。なぜなら当時のモンゴル人はまだ文字を知らず、記録をもっていなかったし、また中国などと違って年齢階層制のない社会であったからである。しいて私の意見をいうなら、『元史』の一一六二年説をとり、それに疑問符をつける。

なお年を表わすのに十二支の獣の名をもってすることは、古くから北方民族の間で行なわれており、「ネズミ、ウシ、トラ……」の名をつけて表わしていた。トルコ族の西アジア移住にともなってこの方法がペルシアにもちこまれ「トルコ暦」として用いられてきた。なおこの紀年は太陽暦である。

イスラム世界には、マホメットの聖遷の年、西暦六二二年を元年とするイスラム暦があり、これは太陰暦で、一年が三五四日である。ラシードは十二支獣とイスラム暦と両方を用いている。

中国の暦は太陰太陽暦である。月の中の日は月の満ち欠けで定める太陰暦を用いる。これは月の形で日を決めるからわかりやすい。しかしこの月が十二で一年とすればイスラム暦と同じで、月と季節がしだいにずれてくる。農民や遊牧民の生活は四季の一巡が仕事の一巡でもあるから、月と季節と合う方がよい。それで何年かにひとつ閏《うるう》の月を設けることにした。この中国の暦は日本の旧暦と同じである。

❖成吉思汗の容貌

成吉思汗がどんな顔つきや体つきであったかについては、ロシアの学者バルトルドの『モンゴル侵入までのトルキスタン』にふたつの資料が簡単に紹介されている。いずれも直接に成吉思汗を見た人の記録でないので、どこまで信用できるか疑わしいが、紹介しよう。

その一は漢文文献である。太祖成吉思汗の一六年（一二二一）、南宋の淮東制置使賈渉《かしょう》の使として、都統司計議官の趙珙《ちょうこう》という人が当時モンゴルの占領下にあった北京へやって来た。宋は金の圧迫をうけて南へ移り、金もまた北からモンゴルの圧迫をうけていた。宋はモンゴルと結んで金を討とうとしていたのである。成吉思汗は西方遠征に出かけて留守で、趙珙はモンゴルの東方の大将である木華黎《ムカリ》に会って帰った。趙珙の見聞録が『蒙韃備録《もうたつびろく》』である。なおこの本の著者は孟珙《もうこう》であると言われ、バルトルドもMeng-Hungとしているが、王国維の考証により、孟珙《メンフン》でなく趙珙であるとされた。『蒙韃備録』ではまずモンゴル人一般の形状について次のようにいう。

大抵韃人。身不甚長。最長不過五尺二三。亦無肥厚。其面横濶。而上下促。有顴骨。眼無上紋。髪須絶少。形状頗醜。

大抵の韃《たつ》人は、身は甚だしくは長ならず。最長のものも五尺二三を過ぎず。また肥厚なし。其の面は横に濶《ひろ》く、而《しか》して上下は促《せま》る。顴骨《けんこつ》あり、眼に上紋なし。髪須は絶えて少なく、形状は頗る醜なり。

「韃」とは「韃靼《だったん》」で、タタールの音を示したもの、普通にはモンゴル族全体を指して用いられる。尺や寸の長さは日本の旧尺貫法のそれと大差ない。なお中国人の平均は五尺五、六寸であった。顴骨とは頬の骨のこと。上紋というのはよくわからないが、モンゴル人の目の特色として有名なのはいわゆる蒙古皺襞《もうこしゅうへき》で、上まぶたの下縁にしわがあってめがしらをおおい、このため目が平たく見える。このことを言っているのであろう。須は鬚である。

右の文に続いて成吉思汗の容貌について次のようにある。

韃主忒没真《テムジン》者。其身魁偉。而広顙長髯。人物雄壮。所以異也。

韃主忒没真なる者は、其身は魁偉《かいい》にして、顙《ひたい》は広く、髯《ひげ》は長く、人物雄壮、異なる所以《ゆえん》なり。

韃主とは韃靼の主人、つまりモンゴルの汗である。忒没真は普通は鉄木真と書き、成吉思汗の幼名である。容貌の部分はバルトルドによれば great size, wide forehead, and long beard である。

第二はペルシア語文献である。その著者の名前は「アブー=アムル=ミンハージウッディン=オスマーン=ビン=サラージウッディン=ムハンマド=アル=ジューズジャーニー」という長いものである。その意味は「ジューズジャーンの人、サラージウッディン=ムハンマドの子、アブー=アムル=ミンハージウッディン=オスマーン」ということである。イスラム教徒には中国人と違って姓がなく、本人の名前があるだけで、必要なら父の名や出身地を後につける。もっと簡単にいえば「サラージの子ミンハージ」とか「ジューズジャーニー」となる。

アフガニスタン、ハリルードの渓谷に立つ「ジャームの塔」。高さ60メートル。ゴール朝の建築。

ジューズジャーンは今のアフガニスタン西北部、バルフの西、シバルガン付近である。彼は一一九三年にそこに生まれ、ゴール（グール）朝に仕えた。この王朝はアフガニスタン西部におこり、アフガニスタン東部から北部インドまで領土をひろげたが、ホラズム王朝の支配下に入り、ついでモンゴルの侵入をこうむることになった。ホラサン（今のイラン東北部、アフガニスタン西部、およびこれに隣接するトルクメニスタン領の一部）へ成吉思汗が攻めて来た時、彼を見たという人の話をミンハージは記録している。それによると成吉思汗は年のころ六五歳（五五歳とする版本もある）、人並みはずれて背が高く、体つきは頑丈で、猫のような目をもち、頭にはわずかばかりの灰色の髪があったという。

　そのほかに成吉思汗の容貌についての材料はない。『元朝秘史』は容貌について客観的描写をしていない。また彼に直接会った耶律楚材《やりつそざい》や長春真人《ちょうしゅんしんじん》の残した文献にも見えない。

　彼の肖像として一般に用いられている

のは清朝内府にあった『中国歴代帝后像』にのっているものであるが、これも想像画の域を出ない。

第二節　少年時代の苦闘

❖父エスゲイ=バアトル

これからしばらくは主として『元朝秘史』を使い、必要なときには『年代記彙集』を参照しながら、成吉思汗の成長ぶりを見ていくことにしよう。

成吉思汗の父の名はエスゲイ=バアトルであり、「バアトル」とは「勇者」の意である。のちに述べるタタール族との戦いにおける手柄により、人々からこの称号をつけて呼ばれ、尊敬を受けていた。彼はオノン河畔で鷹狩りをしていた時、メルキト族のエケ=チレドがオルクヌウト氏から娘をめとって帰るのに出会った。メルキト族はラシードの分類によれば第二章「現在はモンゴルと呼ばれているが元来はそうでないもの」に属し、オルクヌウト氏は第四章「昔からモンゴルと呼ばれているもの」の第一節「一般モンゴル」に属するオンギラト族の一派である。

エスゲイはその娘を奪おうと、自分の兄弟といっしょに追いかけ、チレドを追い払い、車に乗っていた娘を得て、自分の妻とした。いわゆる掠奪結婚である。娘の名はホエルン＝ウジン、「ウジン」とは中国語の「夫人」から来た語である。ホエルンから生まれた子はテムジン（後の成吉思汗）、ジュチ＝カサル、カチウン＝エルチ、テムゲ＝オトチギンの四人の男子と、テムルンという女子であった。

テムジンが九歳になった時、父エスゲイは彼のために妻を求めようと、ホエルンの里方であるオルクヌウト氏のところへ彼をつれて行った。その途中でオンギラト族のデイ＝セチェンに出会った。「デイ」は中国語の大から来た語、「セチェン」は賢者の意である。

デイ＝セチェンはテムジンを見て言った。

「この汝が子は、目に火あり、面《めん》に光ある子なり。」（那珂訳）

ラシードはテムジン誕生時の彼を

「世界征服と世界支配の証拠が額《ひたい》に現われ、幸運と成功の光が頬に明らかであった。」

と書いている。

デイ＝セチェンは、オンギラト族は美女の産地として有名であるといい、自分の娘ボルテをエスゲイにすすめた。彼女はテムジンより一歳年上で一〇歳であった。エスゲイはその申し出を受け入れ、テムジンを婿としてデイ＝セチェンのところに置いて帰った。帰りにエスゲイはこう言った。

「わが子は犬がきらいだから、犬に驚かないように気をつけてやってくれ。」

この犬というのは遊牧民が家畜の護衛のために必ず飼っている猛犬で、テムジンでなくともこわいものだが、とくに犬をこわがったというのは世界征服者の少年時代の話としてほほえましい。

エスゲイは帰り道で「黄色の荒野」というところで、タタール族の者が食事しているのに出会い、喉がかわいていたのでそこに下馬した。タタール族はエスゲイにとって敵である。しかし食事をしているところへ通りかかる人を招くこと、その招きを受けるのは、彼らの礼儀である。タタール人は言った。

「エスゲイ=キヤンだ。」

「キヤン」はエルグネ山中にいた人々の名であり、『元史』にいう「姓は奇渥温《キヤン》氏なり」である。モンゴル語で姓はこのように用いられる。

タタール人は先に仲間のテムジン=ウゲとゴリブハがエスゲイに捕われた恨みを思い出し、飲み物に毒をまぜてエスゲイに与えた。エスゲイは家に帰りつくと気分が悪くなり、コンゴタン氏（ラシードのいう「純正モンゴル」の一派）のモンリクに後を託して死んだ。テムジンが父を失った歳を、『元朝秘史』は九歳といい、ラシードは一三歳という。モンリクはエスゲイの遺言どおり、テムジンをデイ=セチェンのところから連れて帰った。

❖影より外に伴なく

アンバガイ汗のふたりの妻オルベとショカタイが先祖の祭をしていた。ホエルンはその祭に加わることを許されなかった。

このアンバガイ汗とはどんな人か。『元朝秘史』に「普《あま》ねきモンゴルをカブル汗管《うしほ》きたり」とあり、カブル汗を初代族長としてモンゴル族が統一体を形成し始めたと考えてよい。このモンゴルとは「純正モンゴル」のことで、勢力はまだまだ微々たるものであった。モンゴル族長の地位はカブル汗の子でなく、シャングン＝ビルゲの子アンバガイ汗が継いだ。一般に遊牧民の族長は世襲でなく、一種の選挙によって選ばれるのが普通である。アンバガイ汗はタタール族のために捕えられ、金国に引渡され、そこで殺された。モンゴルとタタールはこの時から敵対関係にあったのである。アンバガイ汗の後継者は彼の指名によりクトラ汗となった。クトラ汗はさっそくアンバガイ汗の仇を取ろうとタタール族との戦いに出馬したが、成功しなかった。そのときエスゲイ＝バアトルがタタール族の領袖《りょうしゅう》を捕えて来たから、エスゲイの権威はにわかに高まった。彼は「汗」と称することはなかったが、「バアトル」の称号をもち、モンゴル族の実力者であった。なおアンバガイ汗の子孫はタイチウト氏を名のり、モンゴル族の有力な氏族であった。エスゲイ＝バアトルが健在ならば、アンバガイ汗の妻たちやタイチウト人たちは、

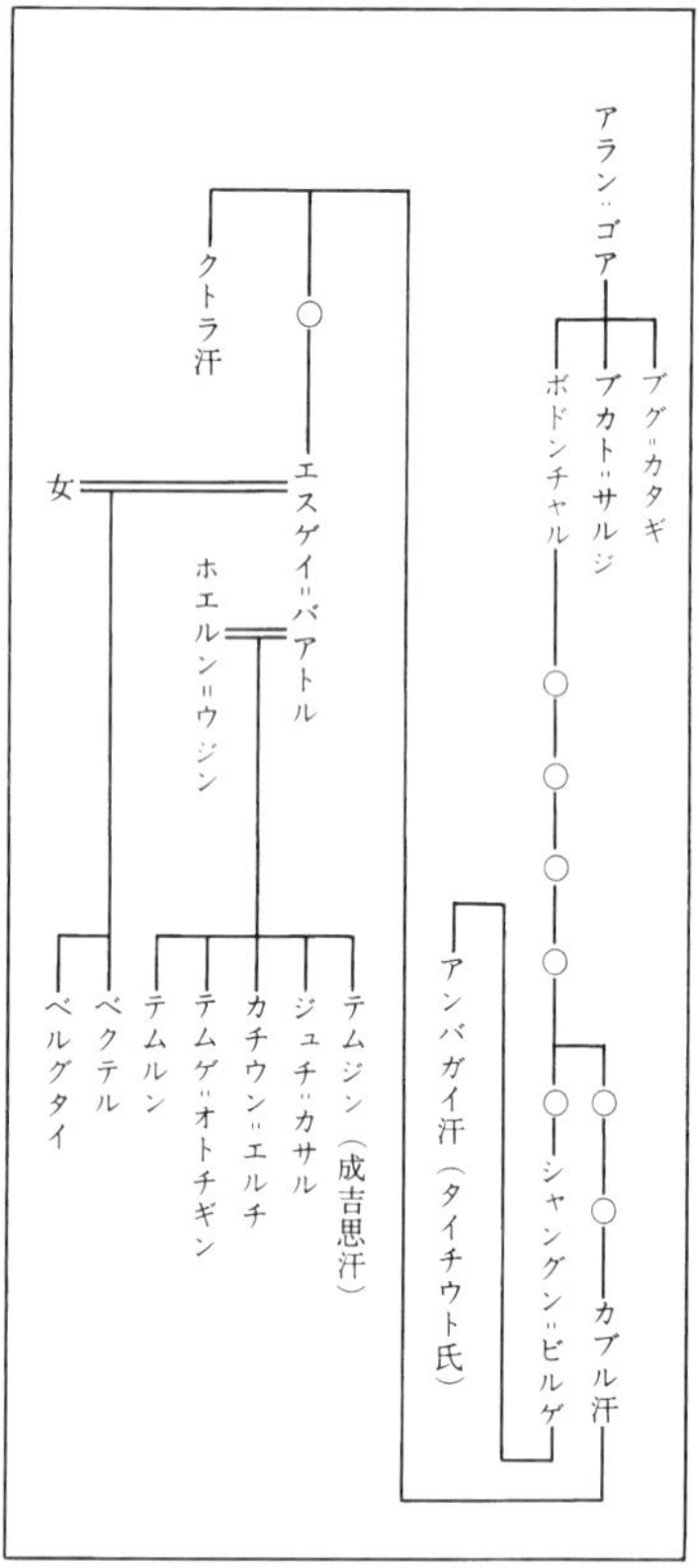

「純正モンゴル」系譜

エスゲイの妻に敬意を払ったはずである。

しかしながらエスゲイ亡きあと、タイチウトの人たちはホエルン母子を見捨てて移動していった。そして次の言葉をこの不幸な家族に投げつけた。

「深き水も乾きたり。光る石も砕けたり。」

タイチウト氏はエスゲイ＝バアトルの権威に対する嫉妬心と、「目に火あり面に光ある」テムジンの才能に対する警戒心とを、強くもっていた。エスゲイには兄ネクン＝タイシと弟ダリタイ＝オトチギンがいたが、彼らはエスゲイの死に際しても知らぬ顔をしていた。ネクンはエスゲイと前後して死んだらしい。しかしダリタイがいるから、彼は兄嫁ホエルンとその子を世話してもいいはずである。匈奴族と同じく「兄弟が死すればその妻を取りてこれをめとる」ことができたのだから。

しかしながらホエルンはまさしく英雄の母親であった。生まれながらにして女善射者《エメメルゲン》、すなわち女丈夫であった彼女は、独力をもって一家を支え、幼いテムジンを教え鍛え、はぐくんだ。一家の境遇を彼女はこう形容する。

「影より外に伴《とも》なく、尾より外に鞭なし。」

この母親は身ごしらえもりりしく、木の実を拾い集め、草の根を掘り、野草を摘んで来て、子供を養った。子供たちは正しく強く育ち、オノン川の岸で魚を釣り、また魚をすくっては、母親のために持って帰るのであった。このような生活は馬の群を放牧し、羊の群を見守る遊牧民の生活に比べてきわめてみじめなものであった。ホエルンはこれに屈することなく、子供たちに遠い先祖の伝説や近い英雄の物語をして聞かせるのだった。

❖草原の敵と味方

タイチウト氏はテムジンが末おそろしい若者であるとして、「雛どもの羽が伸びたであろう。子羊どもが生長したであろう」といって襲いかかってきた。母や兄弟たちは林の中に寨《とりで》を作って戦った。タイチウトたちは「テムジンを出せ」と叫んだので、テムジンは馬にのって逃げた。そしてある森の中に逃げこんで九日をそこに過ごし、食べ物がなくなったので森の外へ出たところを、待ちかまえていたタイチウトに捕えられた。折しも「夏の首《はじめ》の月の第十六の紅《あか》く照る日」で、タイチウトたちはオノン川の岸で宴会を開き、日が暮れて散会した。「夏の首の月」

とは陰暦四月、陽暦なら五月、「第十六の紅く照る日」とは十六夜《いざよい》であろう。

テムジンは手枷《てかせ》をはめられて少年の見張りつきでその宴会に来ていたが、参会者が去ってから、テムジンはその少年の頭を一撃して逃げた。タイチウトたちはまた集まってきて、月明りにオノン河畔の林を探した。テムジンは水の中にひそんでいたが、こっそりとテムジンの味方になったのがスルドス氏（「一般モンゴル」に属す）出身のソルカン＝シラであった。彼はタイチウトの追手に嘘を教え、テムジンを自分の家にかくまい、そして彼の家へ帰らせてやった。

母や弟たちのもとへ帰ったテムジンは、野原の鼠を取って食べていた。

ある日、テムジンたちの馬八頭が盗まれた。テムジンはすぐに盗まれた馬を探しにでかけた。遊牧民というものは自分の家畜がいくら多くても、その一頭ごとの姿形をよく覚えていて、見分けのつくものである。途中で馬の乳をしぼっている賢こそうな少年を見かけた。少年はテムジンに言った。

「友よ、きみはひどく苦労して来たようだね。男の苦労はよくわかるよ。ぼくの父の名はナク＝バヤン、ぼくはそのひとり子ボオルチュだ。」

「バヤン」は長者、富者という意味の称号である。テムジンはボオルチュの協力を得て、盗まれた馬をとりもどすことができた。「友」と訳した語はノコル、『元朝秘史』では伴当と傍訳されている。他の部族や氏族の首領に仕える自由民のことである。なおこのノコルはペルシア語に入ってノウカルとなり、召使の意味で現在でも用いられている。母子だけの生活をしていたテムジンに、はじめて仕える者が現われたのである。テムジンはボオルチュのおかげで取り戻すことができた馬を、ボオルチュにも分けてやろうとした。しかしボオルチュはそれをことわって言った。

「ぼくはよき友であるきみが苦労して馬を探しに来たから、その助けをしようと思ったのだ。取り分などきみからもらえようか。ぼくの父はナク＝バヤンと呼ばれている人だ。父の財産はぼくに任されている。きみの馬は受けとれないよ。」

見知らぬ人が困っているとき、それを援助するのは今でも草原の住民に広く通ずる道徳であり、良家の子弟であるボオルチュの誠実で廉潔な人柄はほほえましい。草原は決して泥棒や人殺しばかりの住むところではない。どこの人間社会にもある善人と悪人、幸福と不幸はここにもあるのである。

テムジンはボオルチュとともにナク＝バヤンのところへ行った。彼は大皮桶一杯の馬乳酒をテムジンのためにととのえ、また肥えた羊を殺してテムジンの食料として与え、ふたりの若者が将来も助け合うようにと言った。

それからテムジンは先に婚約して父の死により分かれていたデイ＝セチェンの娘ボルテをたずねて行った。デイ＝セチェンはテムジンを見て大喜びし、ボルテを彼にめあわせた。ボルテ

＝ウジン、諡《おくりな》は光献翼聖皇后である。この時のテムジンの年齢は一七歳とも、また一八歳ともいわれる。

テムジンはボルテの母に贈るために黒貂《てん》の皮衣をもっていたのだが、急に気が変ってその皮衣をケレイト族長オン汗に進呈した。

第三節　王者への道

❖ケレイト族とタタール族

ここでケレイト族について少し説明しておかなければならない。材料は主としてラシードの『年代記彙集』である。ラシードの分類によれば、それは第三章「独立諸部族」に属し、ケレイト氏をはじめとして、ジュルキン、トンカイト＝ケレイト、トバウート、アルバートの諸氏族から成り、ケレイト氏出身の首領の下に統率されて、ケレイトと総称せられるのである。元末の陶宗儀の『輟耕録《てっこうろく》』によると、この怯烈歹《ケレイト》を「蒙古族」（ラシードの第二章に当る）に入れている。

このふたつの文献による分類の相違は観点の相違から来ているのであって、ラシード自身それはモンゴル族の一派であり、その住地はオノン川、ケルレン川付近であったといっているから、これを「蒙古族」の中においてもおかしくはない。しかしながらラシードがこれをあえて第三章においた理由は、この部族がキリスト教を信仰していたことである。ただしそのキリスト教はネストリウス派のものである。この派は四三一年、エフェソス宗教会議で異端として追放されるや、その伝道の舞台を東方に求め、西アジアから中央アジアを経て中国にも広がった。中国では景教と称せられる。

さてオン汗の祖父の名はマルクーズといった。キリスト教ではマルコに相当する。彼のモンゴル名はブイルク汗である。その頃のモンゴリアの有力部族はタタールで、契丹族（遼）や女真族（金）の王に忠誠を誓っていた。これらの王朝は漢以来の歴代中国王朝と同じく、北方の遊牧諸民族を互いに対立抗争させて、自らに対する圧迫を弱める策をとっていたのである。モンゴル族のアンバガイ汗がタタール族に捕えられて金に引渡されたのもそのひとつの現われである。

タタール族長はノール゠ブイルク汗といい、その牧地はブイル‐ノール（ボイル湖）にあった。彼はケレイト族長マルクーズ゠ブイルク汗を捕えて金に引渡し、金はこれを処刑した。マルクーズの妻は夫の仇を討とうと決心し、策をたてた。すなわち百頭の羊、十頭の牝馬、皮袋百杯の馬乳酒をタタール族長に献上しようと申し出、皮袋ひとつにひとりずつの武装した勇士をひそませ、送り届けた。宴会が始まると勇士は袋からとび出して、タタール族長をはじめ、そこにいたタタール人のほとんどを殺し、彼女は自分の夫の血を報いたのである。

❖オン汗との同盟

金はこうしてタタール族と友好関係にあったとはいえ、タタールの中には金に背くものがあった。そのタタールを成吉思汗とトオリル汗が協力して討伐した時、金のアルタン汗から大いに喜ばれ、トオリル汗は「王《オン》」の名を与えられた。トオリル汗はそれ以来オン汗と呼ばれるのであるが、『元朝秘史』では最初からオン汗といっているので、ここでもそのように呼ぶことにする。「王」の発音は当時のモンゴル語では「ワン」でなく「オン」であった。

マルクーズ＝ブイルク汗にふたりの子クルジャクス＝ブイルク汗とグル汗があり、前者がケレイト族長の地位を継いだ。彼が死ぬと、その六人の子のひとりであるトオリル、すなわちオン汗は弟や甥たちを殺して、自分が族長となった。彼の叔父グル汗はケレイト族と対立関係にあったナイマン族へ逃げていたが、ナイマンの援助のもとにケレイトを攻めて来た。オン汗はエスゲイ＝バアトルに応援を求めた。エスゲイはただちに自分の軍勢を率いてグル汗を攻め、これをタングート地方へ追い払った。このことからオン汗はエスゲイに恩義を感じて、ふたりは義兄弟となった。この関係を「アンダ」といい、別個の氏族に属する者が、交友の盟約を結び、贈り物を交換して義兄弟となることで、古代のモンゴリアの習慣である。エスゲイの子テムジンにとって、父のアンダは自分にとっても父であった。オン汗にとってアンダの子は自分にとっても子であった。これからテムジンはオン汗を父として仕えることになったのである。オン汗はエスゲイの部下で離れていった者を、テムジンのために集めることを約束した。

当時のモンゴリアでもっとも有力な部族のひとつであるケレイト族長の傘下に入った成吉思汗の境遇はもはや「影より外に伴なく、尾より外に鞭なし」というものではない。

そのころまたひとりテムジンの味方が現われた。ウリヤンカ族のジャルチウダイ老が鍛冶のふいごを背負い、ジェルメという子を連れて来て言った。

「オノン川のデリウン孤山にいました時、テムジンが生まれまして、その時、私は黒貂の産《うぶ》衣《ぎ》をさし上げました。それといっしょにこの子もさしだしたのでしたが、まだ幼なかったので連れて帰りました。今はこのジェルメを従者としてお使い下さい。」

ジェルメの来帰は父エスゲイの権威によるものであり、テムジンは徐々に父の地位を回復しつつあるといえよう。

しかしながら草原の王者への道は平坦ではない。動には反動があり、打撃には復讐を予想しなければならない。メルキト族が突如としてテムジンたちの宿営を襲ったのである。いうまでもなくメルキト族のエケ＝チレドがホエルンをめとって帰るところをエスゲイ＝バアトルに掠奪されたことに対する報復である。テムジンたちは馬に乗って一散に逃げ去ったが、妻ボルテ

現代モンゴルの競馬

には乗るべき馬がなかった。彼女は婆やとともに幌つきの車に乗って逃げるところを、メルキトの兵士に発見され連れ去られた。兵士たちは言った。

「ホエルンを奪われた仇を報いようと、今テムジンの妻を捕えたので、仇討はすんだ。」

ボルテはエケ＝チレドの弟チルゲル＝ボコに与えられた。

復讐は等価の返礼である。血には血を、殺人には殺人をもって報いる。メルキトは女を奪って報復は終った。しかしテムジンとしてはさらにその報復をしなければならない。この報復に当ってテムジンはオン汗の援助を求めた。

❖成吉思汗と称す

テムジンはまた義兄弟ジャムカ＝セチェンにも協力を依頼した。ジャムカはこれからのテムジンの活動に大きな影響を与える人物である。オン汗の威光がその部族の勢力に負うのに対して、ジャムカは自分の才智のみに頼って草原に生きる一匹狼である。賢者という意味の称号セチェンを付けて呼ばれる。その出身はアラン＝ゴアの子ボドンチャルが妊娠中の女を捕え、その女が産んだ子の子孫であるジャジラタイ氏である。その経歴は『元朝秘史』によっても『年代記彙集』によっても、詳しくはわからないが、『秘史』によれば、テムジンが一一歳の時、ジャムカと義兄弟の誓いをし、贈り物を交換し、オノン川の氷の上でいっしょに遊んだという。

ジャムカ自身さきにメルキト族と戦って敗れたことがあった。テムジンはそこでオン汗とジャムカの協力を得てメルキトを打破り、ボルテを救い出し、ついでにメルキトの女たちを奪った。テムジンとジャムカはメルキトから取ってきた金の帯をそれぞれ交換し、少年時代の友情の誓いを新たにしたのである。メルキトの残党は遥か遠く西トルキスタンへ逃げ、のちにジュチとスブタイに討伐されることになる（第六章第三節）。

ふたりは一年半のあいだ生活をともにしたが、ジャムカの表面的友情の内側にはテムジンの隆盛に対する嫉妬心が燃えていた。草原の支配者たるべきテムジンと、自分の才能ひとつに頼る野心家ジャムカは、いつかは袂《たもと》を分かたなければならない。ふたりが分かれると、モンゴル族の多くはジャムカを見限ってテムジンの下に投じた。

その中で何人かの有力者はテムジンを推戴して「成吉思汗」と称せしめた。彼らが成吉思汗に期待したことは、部族を指導して美しい処女や人妻を奪ったり、野獣を捕えたりさせることであった。一方、彼らが汗に誓ったことは、女や野獣の獲物の上等の部分を汗に献納することと、汗の命令に忠実に従うことであった。

有力者たちとは、クトラ汗の子アルタン＝オトチギン、エスゲイの兄ネクン＝タイシの子クチャル＝ベキ、カブル汗の長子の子孫であるジュルキン氏のサチャ＝ベキ、それにエスゲイの弟ダリタイ＝オトチギンたちである。彼らはいずれもテムジンの近親で、その勢力は彼の一家に比べてはるかに大きかった。彼らはなぜテムジンを汗に推戴したのであろうか。理由としてはまず彼の有能さがあげられよう。また勢力のないテムジンをかついで自分たちの思うままに操縦しようとしたとも考えられるし、また有力者たちが互いに張り合ったため、かえってテムジンに汗位がころがりこんだとも解釈できる。なおこの推戴者たちはみな後に成吉思汗と対立して抹殺されてしまう。

そして汗の本営の職分を次のように定めた。

弓箭を帯びる侍衛	四人	飲饍職	三人
牧羊者	一人	車輌修造の管理者	一人
本営の監督者	一人	帯刀侍衛	四人
乗馬管理者	二人	牧馬者	二人
巡警征討者	四人		

そして忠臣ボオルチュとジェルメのふたりには逆境のときの成吉思汗を助けた功績により、本営勤務者の監督の役を与えた。これらの職種や人数から成吉思汗の本営の構造や規模を知ることができる。

なお「成吉思」の発音は、日本ではジンギスであるが、ラシードによればチンギーズまたはチャンギーズと発音したようである。その意味はラシードの説明では、チングは「強い（人）」とか「厳しい（人）」の意味をもち、チンギーズとなるとその複数であり、『蒙韃備録』によればその意味は「天賜」であるという。しかしシャマン教で光の精霊の名ハジル＝チンギス＝テンゲリに由来するというモンゴル人学者の説がもっとも有力である。

また汗という称号のことであるが、本書では Khān の音を写すためにこの字を用いている。なおそれとよく似た可汗 Khaghan というのがある。『元朝秘史』ではそれぞれ「罕」と「合罕」である。『秘史』によれば成吉思合罕であり、オン汗は王罕である。『秘史』で合罕のつくのは、まず合不勒《カブル》合罕、ついで忽図刺《タトラ》合罕、俺巴孩《アンバガイ》合罕である。このことは、モンゴル族の主権者にこの合罕の称号が与えられていることを示す。ラシードによれば Qāān と Khān との相違であり、前者の称号を取っているのは、オゴタイに始まり、メンゲ、フビライと続くモンゴル帝国の君主たちである。思うに成吉思汗のときはまだ「汗」であったのが、オゴタイ以後は並の汗より上の者として「可汗」がつけられたのであろう。この称号をつけたもっとも早いものは、四世紀末、柔然《じゅうぜん》族長社崙《しゃろん》が丘豆伐《クルテブリ》可汗と称したものである。突厥《とっくつ》族も同様であった。可汗がちぢめられて汗となったが、モンゴル族では主権者は昔からの可汗（合罕）の称号をとり、汗（罕）と区別したようである。

❖競争者を討つ

成吉思汗とジャムカとの反目はついに武力衝突にまで発展した。そのきっかけは遊牧社会によくある馬泥棒事件である。ジャムカの弟タイチャルがサアリ＝ケエルというところにいた、成吉思汗の部下ジュチ＝ダルマラの馬群を盗んだ。ジュチ＝ダルマラは盗まれた馬を追いかけ、タイチャルを見つけてそれを矢で射殺し、盗まれた馬をつれて帰った。弟の仇を討つべくジャムカは一三翼、三万人を率いて成吉思汗の方に攻めてきた。成吉思汗も同じく一三翼、三万の兵力で迎え撃った。この「翼」はモンゴル語でクリエン、「団」「団営」とも訳すことができる、円形の軍営のことである。ラシードはこれについて次のように説明している。

「クリエンの意味は輪である。昔はある部族が一箇所に滞在する時、輪のようになって、その族長は中心点のようにその輪の中に居たものである。それをクリエンという。現在でも敵が近くにいる時にはこのような陣形をとり、怪しい者や敵兵を中へ入れさせないようにするのである。」

輪をなしたのは遊牧民の天幕や幌車である。成吉思汗側の一三翼のうち、第一翼は成吉思汗の母ホエルンを長とする団営であり、第二翼は成吉思汗自身の団営であった。以下第一〇翼までの名前をラシードは列挙している。一方、ジャムカ側の一三翼は、ジャムカの出身氏族であるジャジラタイを始めとして、タイチウト、タタールなど成吉思汗の宿敵が並んでいた。成吉思汗の方の一三翼の内容は文献にはっきりしているが、ジャムカの方は不明確である。両軍それぞれ「三万」というのも架空の数字であろう。

ラシードによれば、成吉思汗軍の太陽のような輝きのために敵兵は蒸発して空中に消え失せた。そして汗は七〇個の鍋を火にかけて捕虜を煮殺したという。一方、『元朝秘史』によれば結果は逆で、成吉思汗は敗れて逃げ、ジャムカは汗の兵を捕えて七〇の鍋で煮たとある。おそらく『秘史』の記事が真相で、ラシードは成吉思汗の敗戦を諱避したのであろう。成吉思汗は戦いに敗れたけれどもかえって人望を得、ジャムカ側からあいついで成吉思汗に来り投ずるものがあった。

❖仇を討つ

成吉思汗は機会をとらえて宿敵タタール族を討った。『秘史』によれば、キタトの民のアルタン汗はタタール族長メグジン＝セウルトが自分の命令に従わないので、王京丞相を派遣したという。キタトはキタン（契丹）の複数、中国人を指す。アルタンは「金」の意、金国皇帝をアルタン汗と呼んでいる。当時の皇帝は第六代章宗であった。王京は金王室の姓である完顔《ワンヤン》であり、この丞相の名は襄であった。成吉思汗にとってはタタール族は父エスゲイ＝バアトルを毒殺した仇敵であるので、金軍に協力してタタールを攻めようと、オン汗（当時はまだトオリル汗といっていた）に伝えると、オン汗も賛成し、金軍とともにタタール族を撃破した。王京丞相はこれを喜んで、ケレイト族長トオリル汗に王の称号を、成吉思汗にジャウトクリ（漢人隊長の意か？）の称号をそれぞれ与えた。タタール族を攻めるにあたって成吉思汗は軍法を定めた。

「敵に勝ったとき財物のあるところへ立ち入ってはならぬ。勝ってしまえばその財物は我らのもので、分け合うのだ。もし敵に撃退されたら、始め突撃したところに戻って戦え。戻らないものは斬る」と。戦争の後で、アルタン＝オトチギン、クチャル＝ベキ、ダリタイ＝オトチギンの三人が軍法に反して財物のあるところへ行ったため、汗は怒って、彼らが取った物をすべて没収した。また汗がタタール族を攻めている留守中にジュルキン氏が反乱をおこしたので、汗はその長サチャ＝ベキを捕えて斬った。かつての自分の推戴者に対しても成吉思汗の態度は厳しい。

また滅ぼしたタタール族をどう処分するか大評定して、タタールは成吉思汗の父を殺したから、その仇を討ち怨みを報いるため、おとなはみんな殺し、残りを奴婢にしようと決めた。ところがこの決定を成吉思汗の異母弟ベルグタイがタタール族の者に漏らした。そのためタタール族の者は寨《とりで》にこもって必死に抵抗したので、成吉思汗の軍兵に多くの損害が出た。汗はそれ以後ベルグタイが評定に参加することを禁止した。汗の権威がすでに確立していることがわかる。

成吉思汗が次に報復すべき相手は、父エスゲイ゠バアトルの死後、ホエルンとその子供を見すて、彼らと対立するジャムカにくみしているタイチウト氏である。成吉思汗とオン汗の連合軍はタイチウトを打ち破ったが、成吉思汗は戦闘中に毒矢に射られて重傷を負った。さきにジャルチウダイ老の子で成吉思汗の臣下となっていたジェルメが、このとき献身的に汗を介抱した。また戦闘中に汗の馬に矢が当った。誰が射たのかを問うたところ、降参してきていたタイチウトのジェベという者が言った。

「私が射ました。いま汗に殺されるのなら、わずかの血で地を汚してそれでおしまいです。しかし幸いに命を助けて下さいますなら、汗の命令どおり、どんなところへも参ります。」

こうした毅然たる態度に成吉思汗は感服して彼を臣として迎えることになった。この勇将はのちに成吉思汗の金国侵入に先鋒をつとめ、西征に際してもスブタイとともに先鋒となって西アジアからロシアに侵入し、さらに太宗オゴタイ汗の時代には総帥バツを助けてモンゴル軍のヨーロッパ侵入とロシア征服に大きな役割を果たすことになる。

❖オン汗を討つ

今やモンゴリア草原の英雄は誰か。部族の勢力ではオン汗がまさり、神出鬼没の智謀ではジャムカがまさり、部下の確実な掌握では成吉思汗がまさっていた。オン汗はサングンという腹黒の策士の子をもっていた。オン汗自身は気の弱い男である。まずジャムカがサングンに対して、成吉思汗を攻めるようそそのかした。サングンもその気になった。それを知ったオン汗は今までに成吉思汗から受けた恩義から、サングンの考えをたしなめた。ところがすぐその後でサングンの考えに同意してしまった。サングンは成吉思汗を宴会に招いて殺そうと計った。ところがその計画がケレイト族の馬丁の耳に入り、その馬丁はただちにそのことを成吉思汗に密告した。

そこでケレイト族と成吉思汗の衝突となった。戦いは激しく、成吉思汗は苦戦した。ケレイトの軍勢が盛んで、対抗できないのを見て、汗は手兵を集めてバルジュナ湖のほとりに敵を避けた。そのとき水は涸れ、流れは濁り、泥水がやっと飲めるほどだった。汗と従者は悲しい思いでその泥水を飲み、団結を誓い合った。この時にバルジュナ湖畔で泥水を飲んだ人たちは「バルジュト」と呼ばれ、あとで成吉思汗の恩賞にあずかることになる。

オン汗が黄金の天幕を張って酒宴を催していることをケレイト族の捕虜から聞いた成吉思汗は夜のうちにオン汗を奇襲した。ケレイトの多くは殺されたり捕えられたりした。オン汗とサングンは逃走したが、オン汗はナイマン族の兵士に見つかって殺され、サングンは従者に背かれて殺された。

第四節　全モンゴリアの統一

❖文明民族ナイマン

成吉思汗のモンゴリア統一完成にいたる最後の有力な敵はナイマン族であった。これはラシードが第三章「独立諸部族」に入れているもので、モンゴリア西部というよりは東トルキスタン東北部に位置していた。ここは古くから東西文明の通路として栄え、高度なオアシス文明を発達させていた。ここには元来はアーリア系の民族が住んでいたが、九世紀ごろにトルコ系のウイグル族が西へ移って、東トルキスタンに住みついた。このウイグル族は東西の文明を吸収して独特の混合文化を形成していた。たとえば彼らの作ったウイグル文字は、西アジアのアラム文字（セム系）に起原をもつもので、成吉思汗のモンゴル族はこのウイグル文字をとり入れてモンゴル語を表記するようになったのである。

『元朝秘史』は成吉思汗のナイマン族征伐の様子を詳細に記述している。「鼠の年、夏の首《はじめ》の月の第十六の日の紅《あか》き光に」ナイマン族に向かって出馬したとある。鼠の年とは西暦一二〇四年甲子である。「夏の首の月云々」は成吉思汗がタイチウト氏に捕えられた際、彼らが宴会を開いていた日と同じである。モンゴル人にとって吉兆の日であったのであろうか。

ナイマン族長の名はタヤン汗、その母がグルベス、タヤン汗の子がクチュルクであった。タヤン汗は気の弱い族長であったが、母グルベスは強気であった。ちょうど成吉思汗の西征で壊滅した西アジアのホラズム王国の王ムハンマドと、その母テルケン＝カトンに似ている。またタヤン汗の子クチュルクが勇敢であったこと、ムハンマドの子ジャラールウディンと同じである（第六章参照）。

成吉思汗軍の兵力は少なく馬は疲れていたが、夜の屯営で兵ひとりがおのおの五ヵ所で火をたいて兵力を多く見せかけた。その時モンゴルの馬はやせており、ナイマンの馬は肥えていた。時は「夏の首の月」で、モンゴリアの長い冬のあとのこととて馬はやせていた。馬の肥える秋を待ってナイマンを討つことを主張する者もあったが、成吉思汗は即時決戦の断を下した。ナイマン族の住地はアルタイ山脈から西へイルティシュ川にかけてであって、モンゴリアほど気候が厳しくなく、冬も短く、山野は一面の緑におおわれ、そのために馬も肥えていたのであろう。モンゴル側のよくない鞍をつけたやせた馬がナイマンの斥候に奪われ、それがナイマンに自信をもたせた。ただモンゴル兵の勇敢さはよく知られていた。

❖『元朝秘史』の描写

成吉思汗はみずから先鋒となり、弟ジュチ＝カサルが本隊を指揮し、弟テムゲ＝オトチギンが換え馬をつれて補給を受けもった。さきにオン汗についていたジャムカがいつのまにかナイマン族長タヤン汗の側近に来ていた。ジャムカがタヤン汗に対して成吉思汗の軍隊を説明するくだりは『元朝秘史』の圧巻である。那珂通世の訳を引用しながらそこを紹介しよう。

タヤン汗はジャムカに問うた。

「彼らはどうだ。狼が羊の群を圏《おり》へ追いこむように追いかけて来るのは、一体どんな人間か。」

ジャムカは答えた。

「我がテムジン盟友《アンダ》、四つの狗《いぬ》を人の肉にて養いて、鎖つけて繋ぎて居るなりき。我らの斥《もの》候《み》を追いて来ぬるは彼らなるぞ。彼ら四つの狗は、銅《あかがね》の額《ひたい》あり、鑿《のみ》の嘴《くちばし》あり、錐《きり》の舌あり、鉄《くろがね》の心あり、環刀の鞭あり。露を喫《の》みて風に乗りて行く。殺し会う日は人の肉を喫《くら》う。到り合う（ともに行軍する）日は人の肉を糧《かれい》とす。鎖を解かれて、今繋がれずして居るを喜びて、かく涎《よだれ》垂れ来ぬ。」

タヤン汗
「その四つの狗とは誰々か。」

ジャムカ
「ジェベ（タイチウト氏から降った）、フビライ（バルラス氏、帯刀侍衛の一人）、ジェルメ（ジャルチウダイ老の子）、スブタイ（ジェルメの弟）です。」

タヤン汗は
「そんな卑しい奴らから離れていよう。」

と、退いて山を背に布陣した。

その後から躍りめぐり来る者どもを見て、タヤン汗は問うた。

「彼らはどうだ。朝放たれた小馬が母の乳を吸って母のまわりを駈けまわるように、どうしてこんなにめぐりながら来るのか。」

ジャムカは答えた。

「彼らは槍《やり》ある男を追いて、血あるものを剥ぎに剥ぐ、環刀ある男を逐《お》いて、倒して殺して、財《たから》を剥ぎとる、ウルウト氏、モンクト氏と言わる。今繋がれずして居るを喜びて、かく躍りて来ぬ。」

タヤン汗は

「それならそんな卑しい奴らから離れていよう。」

と、また退いて山に登って布陣した。

「その後から貧る鷹のように涎を垂らしながら進み来るのは誰か。」

とタヤン汗はジャムカに問うた。ジャムカは答えた。

「この来ぬるは我がテムジン盟友《アンダ》。彼の総身は銅にて鍛えられたるもの、錐を刺すに隙間無く、鉄にて畳みあげたるもの、大針を刺すに隙間無き我がテムジン盟友、貧る鷹の如くかく涎垂れ来ぬるのみ。見たりや汝。ナイマンの衆は『モンゴルを見れば、子羊の蹄皮も余さじ』と言いたりき。汝ら見よ。」

この言葉を聞いてタヤン汗は
「ただに恐ろしい。山に登ろう。」

と登って布陣した。またタヤン汗はジャムカに問うた。

「またその後から大軍を率いて来るのは誰か。」

ジャムカは言った。

「ホエルン母《エケ》は一人の子を人の肉にて養いてありき。三尋《ひろ》の身あり、三歳の頭口《とうこう》（家畜）を喫《くら》い、三重の甲《よろい》を被《き》て、三匹の強牛を曳《ひ》きて来るぞ。箭筒《やづつ》ある人を都《すべ》て嚥《の》むとも、喉を碍《ささ》えられず。全《また》き男を呑むとも、心臓に障《さわ》らず。怒れば、アンクア（矢の名）の箭を曳きて放てば、山を越えてある十人、二十人の人を穿《うが》つほどに射る。闘う敵を曠野《ひろの》を隔ててあるものを、ケイブル（矢の名）の箭を拽きて放てば、連ぬるほどに穿つほどに射る。大いに拽きて射れば、九百尋《ひろ》の地《ところ》に射る。減し拽きて射れば、五百尋の地に射る。人々より違い、グレルグなる蟒《うわばみ》に生れたるジュチ＝カサルと言わるるは彼なるぞ。」

それからタヤン汗は言った。

「本当にそうならもっと上へ登ろう。」

またタヤン汗はジャムカに問うに、

「彼の後より来るのは誰か。」

ジャムカはいう、

「彼はホエルン母の末の子テムゲ＝オトチギン、肝《きも》ありと言わるるなり。早く睡《ねむ》り暁に起き、黒闇よりも後《おく》れたること無く、立処《たちどころ》よりも後れたること無し（はや寝おそ起きのなまけ者だが多くの軍馬の中で落後したことがない）。」

タヤン汗は言った。

「それなら山の頂上に登ろう。」

ジャムカはタヤン汗にこれだけ言うと、ナイマン族を去って、成吉思汗のところへ来てこう言った。

「タヤン汗は私の言葉に惑わされ、驚いて山の上に登った。私の舌先で恐れている。盟友よ、彼らはモンゴル軍を迎え撃つ気はない。私はもうナイマンから離れた。」

日が暮れて、成吉思汗は山をとりまいて陣を布いた。その夜ナイマンたちは山から逃げようとして崖の上から落ち、上へ上へ重なりあって圧死した。翌朝モンゴル兵はタヤン汗を追いつめて捕えた。その子クチュルクは別のところにおり、わずかの人をつれ西の方へ逃げ去った。成吉思汗はタヤン汗の母クルベスを得てこれをめとった。

ナイマン族を去ったジャムカはわずか五人の従者とともに盗賊になり下がり、野生の羊を殺して食っていた。従者はジャムカを捕えて成吉思汗のところへ連れていった。汗は主人を裏切った従者を斬ってすてた。汗とジャムカは少年時代の友情の思い出話にふけったが、汗はついにジャムカを敵対者として殺した。ただし高貴な人の殺し方として、血を流すことなく圧殺した。

❖ウイグル文字を知る

ナイマン族討伐に関連した出来事として、『元朝秘史』になく、『元史』にだけ見える重要なことがある。『元史』の塔塔統阿《タタトンガ》伝にこういう記事がみえる。

塔塔統阿は畏兀《ウイグル》の人なり。性は聡慧にして言論に善《よ》く、深く本国《そのくに》の文字に通ず。乃蛮《ナイマン》の太陽《タヤン》可汗これを尊びて傅（補佐人）と為し、其の金印および銭穀を掌らしむ。太祖（成吉思汗）西征し、乃蛮の国亡《ほろ》ぶ。塔塔統阿は印を懐きて逃げ去るに、俄《にわ》かに擒に就《つ》く。
帝これを詰《なじ》りて曰《いわ》く「太陽の人民も疆土も悉く我に帰したるぞ。汝は印を負いて何《どこ》へ之《ゆ》くか。」
対《こた》えて曰く「臣の職たるや、まさに以て死守して故主《もとのぬし》（タヤン汗）を欲求してこれを授けんとするのみ。いずくんぞ敢《あえ》て他あらんや。」

ウイグル文字によるクユク大汗の璽印。ウイグル文字は縦書で、行は左から右へ移る。

帝曰く「忠孝の人なり。問う、是《こ》の印は何の用ぞや。」
対《こた》えて曰く「銭穀を出納し、人材を委任する一切の事は、皆これを用いて以て信験と為すのみ。」
帝これを善しとし、命じて左右に居らしむ。是より後、凡《およ》そ制旨あらば、始めて印章を用い、なお命じてこれを掌らしむ。
帝曰く「汝、深く本国の文字を知れるや。」
塔塔統阿は悉く蘊《たくわ》えたる所を以て対え、旨に称《かな》う。遂に太子・諸王に命じて畏兀字を以て国言（モンゴル語）を書かしむ。
文字を知ったことでモンゴル族ははじめて文明の段階に達したのである。

第四章　成吉思汗国家の組織

第一節　成吉思汗の家族

❖弟妹

成吉思汗の父はさきにも述べたようにエスゲイ＝バアトルで、事実上モンゴル族の支配者であった。彼の妻はホエルンで、彼らの子供は次の四男一女であった。

テムジン　九歳
ジュチ＝カサル　七歳
カチウン＝エルチ　五歳
テムゲ＝オトチギン　三歳
テムルン　うば車の幼児

テムジンが九歳のときの弟妹たちの年齢は「元朝秘史」によればこのようであった。ただしこれが西暦何年のことかはわからない。このうちカチウン゠エルチは早く死に、その子アルチダイが後を継いだ。テムルンは、のちにオンギラト族イキレス氏のプトの妻となる。

エスゲイ゠バアトルはホエルンのほかにもうひとり妻をもっており、この女の生んだ子が次のふたりである。

ベクテル

ベルグタイ

このうちベクテルは、父エスゲイの死後まもなく、テムジンとジュチ゠カサルがベクテル、ベルグタイと魚や鳥の取り合いから争いとなった際、テムジンとジュチ゠カサルによって矢で射殺されてしまう。ベルグタイは成吉思汗に仕えて終始行動を共にしたが、さきにふれたように密議をもらして汗の叱責を受けたことがある。彼らの生母はその名も出身もわからないが、成吉思汗一家がメルキト族の奇襲を受け、彼の妻ボルテが捕われたとき、「ベルグタイの母」も連れ去られて、メルキトの誰かの妻とされたことが『元朝秘史』に見える。

成吉思汗がナイマン族を滅ぼして全モンゴリアを平定したとき、恩賞としてジュチ゠カサルに四〇〇〇の民を、アルチダイに二〇〇〇の民を、ベルグタイに一五〇〇の民を、それぞれ与えた。母ホエルンと末弟テムゲ゠オトチギンには一〇〇〇〇の民を与えた。モンゴル語で「オトチギン」はかまどの君という意味で、末子につける称号である。末子は年少であるから、父や兄たちが外に出ているときも、母とともに家で留守をしてかまどを守っているところから、末子につけられるのである。

ホエルンはまた敵の氏族の子供をひきとって養子として育てた。その名と出身は次のとおりである。

クチュ（メルキト族）

ココチュ（タイチウト氏と近縁のベスト氏）

シキ＝クトク（タタール族）

ボロウル（ジュルキン氏）

クチュ、ココチュ、シキ＝クトクの三人は恩賞として千戸の地位を与えられる。そのうちシキ＝クトクには、とくに重要な職務を与えた。すなわち「盗賊をこらしめ、殺すべき者は殺し、罰すべき者は罰せよ」と、成吉思汗は彼を大断事官に任命した。また国民への課税の事務を担当させ、課税の帳簿を彼に管理させた。モンゴル遊牧国家のはじめての行政事務を担任したわけである。帳簿に書きこんだ文字はいうまでもなく塔塔統阿《タタトンガ》から教えられたウイグル文字であったろう。ボロウルはボオルチュ、ムカリ、チラウン＝バアトルとともに「四頭の駿馬」と称されてモンゴリア平定に奮戦した。のち北方の「林の民」トマト族征伐の戦に死んで成吉思汗を悲しませた。

❖妻たち

成吉思汗の妻はいうまでもなくボルテであり、その出身はオンギラト族である。父エスゲイ=バアトルはオンギラト族のオルクヌウト氏の女ホエルンを奪って妻とした。エスゲイはわが子の妻をやはりオルクヌウト氏から求めようとして行き、途中でオンギラト族のデイ=セチェンに会った。デイ=セチェンはオンギラト族の、オルクヌウト氏ではなかったが、ボスクル氏の人であった。デイ=セチェンはエスゲイ=バアトルを見て「エスゲイ=クダ」と呼びかけた。「クダ」とは姻戚関係にあるものが互いに相手方の成年男子を呼ぶ称号である。エスゲイはオンギラト族にとってまさしくクダであった。言いかえればエスゲイの氏族とオンギラト族との間には姻戚関係ができていたのである。人類学でいう双分制・族外婚である。

「オンギラト族は美女の産地として有名である」とデイ=セチェンが言ったのは、太祖成吉思汗以後の皇帝の皇后の多くが弘吉剌《オンギラト》族の出身であることによって実証されよう。エスゲイがわが子のためにオンギラト族の、なるべくはオルクヌウト氏から女を求めようとしたのは当然であった。そしてオルクヌウト氏ではなかったがやはり同じオンギラト族のデイ=セチェンの娘をめとった。そしてテムジンの妹テムルンはオンギラト族のブトにとついだのである。

世祖フビライ（クビライ）の皇后。
オンギラト族出身。

こうした平和的な結婚のほかに、戦争における美女の掠奪もあったことは、テムジンを汗に推戴した時に有力者たちが期待したことの中によく見えている。成吉思汗の実例をあげよう。タタール族を滅ぼした時、その部族のエケチェレンという者の娘エスゲンをめとって寵愛した。エスゲンは汗に言った。

「私よりは私の姉エスイの方が汗の妻としてふさわしいと思います。最近結婚しましたが、この騒動でどこへ行ったでしょうか。」

汗は問うた。

「おまえの姉がおまえ以上なら、探させよう。もし姉が来たら、おまえは地位を姉に譲るか。」

エスゲンは言った。

「汗のお恵みがあればそうしましょう。」

成吉思汗は部下に命じてエスイを探して連れて来させると、エスゲンは姉を上座にすえた。そしてエスイの夫を見つけて斬った。エスイは汗の最後の西夏討伐に同行する。

次に汗の妻となったのは、ケレイト族長オン汗を倒した後のオン汗の弟ジャガ＝ガンボの娘である。ふたりのうち姉イバカ＝ベキを成吉思汗が妻として、妹ショルカクタニ＝ベキを子のツルイに与えた。この縁によってジャガ＝ガンボとその配下の民は友好的な扱いを受けた。モンゴリア平定後の恩賞で、汗は彼女をジュルチェダイに与えた。彼はウルウト氏の出で、バルジュナ湖で汗とともに濁水を飲んだひとりである。ジュルチェダイに与えるに際して成吉思汗はイバカに言った。

「おまえをきらい、おまえの心や顔が悪いと言うのではないぞ。今まで可愛がってきたおまえをジュルチェダイに恩賜するわけは、彼の功を考えてのことだ。子々孫々にいたるまで栄えることを祈るぞ。」

その次の女はナイマン族長タヤン汗の母グルベスである。彼女は実はタヤン汗の父イナンチャ＝ビルゲ汗の妻であった。グルベスは若かったが、イナンチャは老人で、そのためふたりの間に子供は生まれず、祈禱によって生まれた子がタヤン汗である。ナイマン族を滅ぼした成吉思汗はグルベスを連れて来させて自分の妻のひとりとした。汗は必ずしも彼女に愛情を感じていたわけではなく、むしろ自分の征服欲を満足させるために敵方の族長の母を自分の女にしたのであろう。

成吉思汗はナイマン族を滅ぼした後、メルキト族の残党をも打ち破ったが、その時、メルキト族のウワス氏のダイル＝ウスンという者が娘のクランを汗に捧げようと連れて来た。そのとき汗の家来のナヤアという者は、他の兵士がダイル＝ウスンとその娘を見れば捕えて殺すかもしれないと思い、彼女を自分のところへ三日間とどめておいてから、汗のところへ連れて行った。汗はナヤアのこの行為に怒って彼を処罰しようとした。クランは汗に言った。

「ナヤアは成吉思汗の偉い家来です。私が途中で他の兵士に乱暴されないように心配して下さいました。ナヤア以外の人に遇っていたらどうなったかわかりません。ナヤアに出遇ったのは、私の幸運でした。天の神の命に従って、父母が生んでくれた私の体をお調べ下さい。」

またナヤアは自分の忠誠心を披瀝して言った。

「汗よりほかに私の顔が向くことはありません。よその民の美しい女やたくましい馬を見れば、これこそわが汗のものだから取って来て捧げようと思っています。これ以外のことに私の心がそれましたら、私は死んでもかまいません。」

成吉思汗はクランの言葉をよしとしてすぐに彼女の体を調べたところ、彼女の言ったとおりだったので、寵愛し、ナヤアにも恩賞を与えた。のちに成吉思汗が西アジアに遠征するにあたって、妻たちの中からこのクランを選んで伴って行った。

また成吉思汗が金を攻めたとき、金は敗れて和を請い、王女を汗にさしだした（第五章第三節）。またタングート族を攻めたとき、その国王は、チャカという娘を汗に献上したという（第五章第二節）。

そのほか成吉思汗にはなお多くの妻妾がいたと想像される。そして彼女たちはオルダに分けて住まわせられていた。オルダまたはオルドは、君主の住居である天幕または宮殿を意味するモンゴル語、トルコ語、ツングース語であり、ユーラシア北方民族の間で使われてきた言葉である。中国文献には『遼史』『金史』『元史』などに斡魯朶として見える。英語に入って hord となる。君主が多くの妻をもつ場合、彼女らをいくつかのオルダに配置した。したがってオルダは后妃妻妾の住所となった。『元史』によれば成吉思汗の妻たちの区分は次のようである。

第一オルダ　ポルテ
第二オルダ　クラン、グルベス
第三オルダ　エスイ、チャカ
第四オルダ　エスゲン

❖子供

モンゴリア平定ののち汗は母と子供に国民を分け与えた。弟たちについては前に述べたが子供たちに対して次のとおりであった。

ジュチ　九〇〇〇
チャガタイ　八〇〇〇
オゴタイ　五〇〇〇

ツルイ　　　五〇〇〇

以上四人はみなボルテから生まれた子である。なおそのほか次のふたりがあった。

ウルチ　　　エスゲンの子

コレゲン　　　クランの子

ウルチは若くして死に、コレゲンはのちにジュチの子バツに従ってロシアに攻め入り傷を受けて死ぬ。これらに比べるとジュチ以下の四人ははるかに重要である。その中で問題になるのは長子ジュチの出生である。成吉思汗の妻ボルテはしばらくの間メルキト族に捕われて、チルゲル＝ボコの妻になっていた（第三章第三節）。汗が西征に先だって自分の後継者の問題について子供たちを集めて相談したことがあった。その折、次子チャガタイはジュチに面と向かって

「このメルキト族の血をひく者」

と言い、腹を立てたジュチと取っ組み合いになったことがある。しかし成吉思汗はあくまでもジュチを自分の子として、また長子として認めていた。

結局第三子オゴタイが後継者となり、元の太宗となるのであるが、『元朝秘史』によるところのオゴタイは他の兄弟に比べてずっと早くから父成吉思汗と苦労を共にしている。まずオン汗の率いるケレイト族との戦闘で彼は行方不明になり、汗を心配させた。翌日かれはホエルンの養子ボロウルとともに馬に相乗りして、血みどろになって帰ってきた。オゴタイは首筋に矢を

受け、その血の固まったのをボロウルが吸いとっては吐きだしているのであった。

そののちメルキト族を討った時、族長トクトア＝ベキの長子クドのふたりの妻のうち、ドレゲネがオゴタイに与えられた。彼女が定宗クユクの母であり、昭慈皇后と諡《おくりな》されている。

オゴタイについでは末子ツルイも重んぜられたようで、成吉思汗がケレイト族のジャガ＝ガンボのふたりの娘の姉をめとったとき、妹をツルイに与えた。この妹娘ショルカクタニ＝ベキは憲宗メンゲ、世祖フビライ、フラグ、アリク＝ブカを産み、顕懿荘聖皇后と諡されている。

第二節　本営と軍隊

❖千戸の制

テムジンが成吉思汗と称したときに本営の制度を定めたことはさきに述べた。成吉思汗はナイマン族を攻める前に組織を整備しなおした。すなわちまず軍隊については千戸制を採用した。『元朝秘史』によれば「数を数え合いて、千をそこに千として、千戸の官人、百戸の官人、十戸の官人をそこに任したり」という。

つまり兵一〇人を一組としてその長を十戸、または牌子頭といった。この一〇人の組が一〇個で一〇〇人となり、その長を百戸とし、一〇〇〇人の組の長を千戸とした。その上に万戸というのもあったが、これは必ずしも一〇〇〇〇人から成るものでなく、千戸がいくつか集まったものであった。

このような十進法による兵制はモンゴルに始まったものでなく、古くからの匈奴族にもそれがあった。『史記』の匈奴列伝にいう。

即位するオゴタイ。（パリ、国立図書館蔵『年代記彙集』古写本の挿絵）

「大なる者は万騎、小なる者は数千、凡《すべ》て二十四長あり、号を立てて万騎と曰《い》う。……諸二十四長はまた各自に千長、百長、什長を置く。」

またモンゴル族に先だつ北方民族王朝である金では、猛安《もうあん》（千夫長）と謀克《ぼうこく》（百夫長）がその兵制の中核をなしていた。成吉思汗のこの新しい制度はこうした北方民族の伝統を受けついだものである。

成吉思汗はまた側近の相談役としてチェルビン（侍従の官職）の制を設け、ドダイ＝チェルビ、ドゴルク＝チェルビ、オゲレイ＝チェルビ、トルン＝チェルビ、ブチャラン＝チェルビ、シェイケト＝チェルビの六人をその職に任じた。

次に本営の制度として親衛隊ともいうべきものが設けられた。それは次のようなものである。

宿衛（夜の番士）　八〇人　長はアルカイ＝カサル
侍衛（昼の番士）　七〇人　長はオゲレイ＝チェルビ
箭筒士（弓矢を帯びるもの）　四〇〇人
厨官（汗のために飲食を用意するもの）
門者
馬官

侍衛、箭筒士、厨官、門者、馬官の勤務は昼間であり、日が沈む前に宿衛と交替して任を離れる。ただし馬官は夜は馬とともに寝る。宿衛の一回の番直は三晩である。宿衛と侍衛に勤務するのは精兵であって、千戸や百戸の弟や子供が優先的に、ついで一般人の子弟が候補になり、技能あり、容姿端麗なものが選ばれてその任についた。

❖軍事制度の整備

ナイマン族を滅ぼしジャムカを倒して、モンゴリアの全遊牧民、すなわちラシードの分類による第二章、第三章、第四章のほとんどすべてを平定した成吉思汗は、一二〇六年、オノン川の源にクリルタイを開いた。クリルタイとは集会の意味であり、部族や氏族の代表者や貴族たちが、主催者の召集によって集会を催し、重要な問題を討議決定するものである。それもはじめは参加者が草原に坐りこんで話し合うというごく素朴で民主的な集まりであったが、モンゴル族がしだいに国家の体裁をととのえていくにつれて、汗の意志を承認するだけになってしまい、しまいには派閥争いの場となり、有害無益なものとなってしまう（終章参照）。

この一二〇六年をもって中国史では太祖成吉思汗の元年とする。この成吉思汗の主導の下に開かれたクリルタイで全モンゴリアの主権者たることを宣言した成吉思汗は、軍隊と親衛隊の制度を整備しなおした。

まず千戸については、九五の千戸の官を設け、成吉思汗の指名により八八名の功臣を千戸に任命した。ひとりでふたつ以上の千戸を兼ねるものもあったのである。『元朝秘史』はこの八八名の名前をあげているがここでは省略する。千戸が九五であるから、もし千戸が定員を満たしているとしたら、兵力は九万五〇〇〇人となる。この全兵力を中軍、左翼軍（東軍）、右翼軍（西軍）の三大軍団に分け、ナヤア、ムカリ、ボオルチュの三大功臣を万戸の称号をもって、それぞれ中、左、右軍の司令官に任命した。そのほかにゴルチがいわゆる「林の民」（森林の狩猟民）を統轄する万戸となり、またクナンは万戸の肩書を与えられて、成吉思汗の長男ジュチの輔佐役となった。

❖ケシクの制

親衛隊も増員された。まず宿衛の番士は以前は八〇人であったのが、八〇〇人となり、ついで一〇〇〇人となり、エケ＝ネウリンがその長に任ぜられた。

箭筒士も四〇〇から一〇〇〇に増員され、その長にジェルメの子エスン＝テエが任ぜられた。なおこれは四班に分けられ、第一班の長はエスン＝テエが兼ね、第二班以下はそれぞれブギダイ、ゴルクダク、ラブラカが任ぜられた。

侍衛の番士の数は八〇〇〇となり、一〇〇〇ずつ八個の班に分けられた。班長の名はオゲレイ＝チェルビ（ボオルチュの弟で侍従、侍衛長）、ブカ（ムカリの弟）、アルチダイ、ドダイ＝チェルビ（侍従）ドゴルク＝チェルビ（侍従）、チャナイ、アクタイ、アルカイ＝カサル（前の宿衛長）。

以上の宿衛、箭筒士、侍衛あわせて一万の番士となり、これが大中軍と呼ばれた。その勤務方法は、宿衛、箭筒士、侍衛をそれぞれ四組に分け、一組ずつが三日を一回の勤務時間とした。この四組の責任者は侍衛の第一から第四までの班長で、この四人は親衛隊の長老という意味で「宿老《おとな》」と呼ばれていた。なお親衛隊の番士の地位は千戸より上とされていた。親衛隊、モンゴル語でケシク（怯薛）、「恩恵」「寵愛」の意で、その番士はケシクテイ（怯薛歹）「天子の恩恵寵愛を得たもの」の意である。

成吉思汗は当直する番士にこまかい注意を与えている。すなわち

「当直に入るには、組長が自分の組の番士を点検して当直に入れ。三日当直して交替せよ。当直の者がその勤務を怠れば、笞《むち》打ち三の刑に処す。再び当直を怠れば笞打ち七。また病気でもないのに組長に無断で当直につかないと、笞打ち三七で流罪に処す。組長は交替して当直につくごとに、成吉思汗のこの教えを番士に聞かせよ。組長がそれを怠ると罰するぞ。組長は我に無断で番士を罰してはならぬ。番士が掟に背けば我に告げよ。」

また夜間の護衛たる宿衛についても次のような注意を与えている。

「宿衛は夜、本営のまわりに寝る。門の番をする宿衛は夜はいってくる者があれば、その頭を割り肩を落とすほどに斬りすてよ。急ぎの用ある人が夜に来れば、まず宿衛に話して、本営の天幕の北側（裏側、入口は南に向いている）で宿衛と一処に立って話をさせよ。また宿衛の上座に坐ってはならぬ。宿衛の間を通ってはならぬ。宿衛の人数を問うてはならぬ。この禁令を犯した者を宿衛は捕えよ。」

このケシクの制は元朝に入ってからも存続し、皇帝の親衛隊として国政に大きな権限をふるった。そして元朝の公文書のいくつかを見ると、日付の下に、その日の当直の組長の名と、

当直（三日間）の何日目かということが記載されていることを発見する。たとえば

「延祐五年十月十一日、拝住怯薛第二日、………」

延祐五年は仁宗の治世で一三一八年、拝住《バイジュ》が組長として怯薛《ケシク》に当直したその第二日目のことである。このようにケシクの長の名の入った公文書の例が一八通ほど見つかっているが、どの場合にケシクの長の名を入れたのかは、まだ私の調査が及んでいない。

第三節　戦術と武器

❖騎馬

モンゴル人が幼いときから騎馬を習っていたことは、北方の遊牧民として当然のことである。匈奴族についての司馬遷の記事、「児は能く羊に騎《の》り、弓を引きて鳥や鼠を射る。少しく長ずれば則ち狐や兎を射、用いて食と為す。士の力は能く弓を彎《ひ》き、尽く甲騎たり」はそのままモンゴル族にもあてはまる。

モンゴル時代の中国人の記録を見よう。まず趙珙の『蒙韃備録』にはいう。

「モンゴル人は鞍馬の間に生長しているから、自然と戦さになれている。春から冬まで毎日狩猟に出かける。彼らの生涯には歩くことはなく、つねに馬に乗る。」

「モンゴリアは水や草が豊かで、羊や馬を飼うのに適している。馬が生まれて一、二年の間は乗りにくいが、調教して三年もたてば充分に乗れるようになり、蹴ったり噛んだりしなくなる。百も千も群をなしていても、嘶《いき》なくことなく静かである（だから敵に覚られない）。馬は逃げることがないから、下馬しても繋ぐ必要がない。性質はきわめて良善である。昼間は一切食わせず、夜になって放牧して朝まで自由に草を食わせる。豆や粟といった飼料を与えたりはしない。出陣に際しては、ひとりにつき数頭の馬を用い、一日に一頭ずつ順番に乗るから、馬は疲れない。」

つぎに『黒韃事略《こくたつじりゃく》』にはこんなことを書いている。この本は太宗オゴタイ汗の治世、一二三二年ごろ、モンゴリアに使した宋の彭大雅《ほうたいが》の見聞録に、三、四年おくれて同じく北方に使した徐霆《じょてい》が書き加えたものである。

「モンゴル人の騎射は、幼時に縄で馬上にくくりつけられ、母と一緒に出入りする。三歳になると鞍に紐をつけそれを手に取って皆について馬を走らせる。四、五歳になると小弓と短矢をもつ。もっと大きくなると一年中猟に従事する。馬を走らせるには馬上に坐ることなく、あぶみの上に立つ。だから力の八、九割は足の裏に、一、二割が股にかかる。速さは風のごとく、強さは山のよう、左に回り右に折れるのは飛翼のようである。だから左を見ているかと思えば、右の方へ射る。」

「馬は野牧であって、芻粟《まぐさ》などはない。六月になって青草を腹一杯食うと肥えだす。四歳になると去勢する。そうすると体が大きくなり力も強く、そして柔順となる（これが軍用馬である）。去勢しない馬は嘶なきやすく、じっとしていない。馬の足には鉄と木の靴をはかせている。これを脚渋という。」

「牡《おす》馬のうちの壮好なものを種馬とし、他はすべて去勢する。これを一群とし、種馬は牝《めす》馬と一緒にして一群とする。馬の多いのは四、五百匹にも達する。」

「鞍と轡《くつわ》とは軽簡で、馳けるのに便利であり、重さは七、八斤（約四・五キロ）にも足りない。鞍は前部が縦に高く、後部が平らで、だから激しく馬を操っても腕が傷つけられない。鐙《あぶみ》は円形で底が広いので、足をのせるのに適している（この鞍や鐙の形は現在でも同様である）。」

モンゴル馬は比較的小型で、速度はあまり出ないが、耐久力に富む。それに反して中央アジアや西アジアの馬は大型で脚が速い。成吉思汗の西征以後はこの大型馬も使用したものと思われる。

❖武器

『黒韃事略』にあげてあるモンゴルの武具に説明をつけると次のようになる。

柳葉甲——革の地に柳の葉のような鉄片を縫いつけたよろい。

現代のアフガニスタンの騎馬競技、ブズカシ。
ふたチームにわかれて、山羊の頭を奪い合う。

羅圏甲——革を六枚かさねたよろい。

頑羊角弓——頑羊とは野生羊の一種で最大のもの。その角《つの》を張りつけた弓で、長さ三尺（一メートル）。馬上で操作するため短い弓である。またその弓は木や角や腱をいくつも張り合わせて作った合板弓であって、単板弓に比べてはるかに強力である。

響箭——鳴鏑ともいう。信号用のかぶら矢。

駝骨箭——らくだの骨を矢じりとした矢であろう。

批針箭——木を削って矢じりにした矢。この二種の矢とも、その羽根には鵰《ちょう》の肩の部分の羽を用いた。鵰は日本名オジロワシ、鷹に似て大きく、尾は長く羽は短い。鵰の羽は矢の羽根としては最上で、もっとも遠くへ、しかもまっすぐ矢が飛ぶので尊重される。北方民族の矢羽は多くこれを用いる。なお矢じりとして鉄がないわけではなかったが、量が少なかったので、骨や木が多く用いられた。

環刀——刃面が薄くて鋭く、大きくそり返っている。短くて柄《つか》も小さく、片手用である。「回回の様に効《なら》う」というから、西方のイスラム教徒から伝わったものか。

槍――馬上から振うもの。鋭くて何重ものよろいを貫くことができた。

防牌《ぼうはい》――楯《たて》である。細い竹か柳を革の紐で編んだもの、長さ六〇寸、幅三〇寸の長方形。陣地に立てておくものであろう。

現代のモンゴル国の弓の競技

団牌――やはり楯であり、円型で小型、下馬したとき手で持って構える。

鉄団牌――鉄製の団牌で、ヘルメットのようなもの、かぶとの代用にもした。

拐子《かいし》木牌――「城を攻め砲を避けるの具」とある。木を組んで攻城のときの梯子とも、また砲から発射される石を防ぐ楯ともしたものであろう。なお金代に「拐子馬」というものがあったが、これは三頭の馬を鉄鎖でつないで突撃するものであった。

砲――この文字の石偏が示すように石を発射する機械である。砲は木で造った発射台の上に置かれた。台上に回転軸を

城を攻めるモンゴル軍。左端に砲（すなわち投石機）が見える。弓は両軍とも短弓である。（エジンバラ版『年代記彙集』の挿絵）

立て、それに腕木をのせる。一方を短く、他方を長くしておく。短い方の先に重いおもりをつける。長い方の先に発射すべき石をのせる。そのままだと腕木の短い方がおもりによって下がっている。発射するには長い方を地面まで引きおろす。多くの場合、腕木に兵士が何人もぶらさがったようである。そこで兵士たちが一斉に手をはなすとこの腕木ははね上げられ、その力で石がはね飛ばされるという理屈である。

❖戦術

また『黒韃事略』を引用する。まず偵察について次のように説明している。

「モンゴル兵が行軍するにはつねに待ち伏せを恐れ、どんな少数の部隊でも必ずまず騎兵の精兵を斥候として四方八方に派遣する。彼らは高い所に登って遠望し、百里、二百里の間を偵察する。そしてそこに住んでいる者や通っている者をつかまえてその地域の事情を尋問する。たとえばどこそこの道は通れるとか、どこそこの城は攻め落とせるとか、どこそこの地では戦うことができるとか、どこそこでは宿営が可能だとか、どこそこの方向には敵兵がいるとか、どこそこには糧草があるとか。こうした情報を斥候の報告から得るのである。」

次に宿営についてはこう述べている。

「宿営の場所は必ず高い所を選ぶ。主将の天幕は必ず東南に向くようにする。そのまわりに警備の騎兵をおいて巡察させる。ひとつの天幕ごとに二頭の馬が夜も鞍を解かずに不測の事態に備えている。その他の馬は放して草を食わせる。ある天幕に事件が発生すると、隣の天幕で馬を用意し反撃に備える。それ以外の天幕は整々として動かない。夕食の焚火は日が暮れないうちにする。日が暮れると人から見えないところへ移って天幕を張る。こうして焚火の所と場所を変えると夜襲を防ぐことができる。」

次は部隊の運動のことである。

「モンゴル兵は有利と見れば戦うが、利あらずと見れば進まない。進まないでいる間に敵情をよく偵察する。敵の弱点をつかめば、わずか百騎でも万の衆を包囲することができ、千騎でも百里の間を満たすことができる。堅陣を突破するには全軍の十分の三を前鋒として当てる。敵に遇ったなら三々五々に分散する。もし集中していると包囲される恐れがある。大体において歩兵は集中しているのがよく、騎兵は分散している方がよい。敵が分散すれば味方もただちにそれに応じて分散し、敵が集中すれば味方も集中する。その運動はあるいは遠くあるいは近く、あるいは多くあるいは少なく、あるいは集まりあるいは散り、あるいは現われあるいは消える。その来たるや天の落つるごとく、去るや雷の行くがごとくである。集合から分散するには馬を打つ鞭の指す方向に向かい、分散から集合には声をかけあって合図とする。」

そして最後に敵軍と衝突した際の戦闘について次のように述べている。

「敵を破るには高いところに登って遠くを眺め、地勢を観察し敵情を偵察し、敵の乱れに乗ずるようにする。だから戦闘に入る前に先鋒の部隊を敵陣に突撃させる。それで少しでも敵陣が動揺すればしめたもので、思いきり深く突入する。そうすれば敵はいくら多くても、もちこたえられない。もし先鋒が敵陣を動揺させることができなければ、それは横にのいて、次の部隊が突撃する。もしそれも撃退されたら、次の部隊が続く。もし最後の部隊の突撃になれば、全軍が四方八面に大声を張りあげて一斉に突撃する。あるいは団牌を手でかまえて馬から下りて矢を射る。この射撃で敵が動揺すれば、それに乗じて突入する。この歩兵となった味方に対して敵の騎兵が迫ってくれば、味方は退いて守りを固め、攻めよせる敵を迎え撃つ。敵がもし城を固めて守っていれば、牛や、人間の乗らない馬を放って敵陣を攪乱《かくらん》させる。もし敵が馬を防ぐ柵を設けていれば、味方の騎士は城のまわりをまわりながら、時々矢を放って、敵をして労動させる。持久戦にもちこめば、敵は必ず食料や燃料が欠乏して動揺しだす。すると兵を進めて接近させる。ただし急いで攻めることはない。敵が疲労するのを待って突撃するのである。もし味方の兵隊が少なければ、木の板で地をかいて埃を上げる。すると敵は我々の兵力が大であると思って自滅する。自滅しなければ、こちらから攻めて行くと敵を破ること必至である。あるいは敵から降った捕虜を敵方に放って、敵が負けるのは確実だと言わせ、敵の戦意が落ちたのをねらって精鋭をやって撃たせる。あるいはまたわずかに交戦しただけで敵をあざむいて武器食料を捨てて逃げだす。敵は勝ったと思って追いかけてくる。それを待ち伏せして一拠に全滅させる。このような変幻自在の戦術は、中国の兵法にはかつて無かったものである。だから勝つときは徹底的に追撃して一兵も逃がすことなく、敗れたときも四散遁走して、つかまることがないのである。」

❖軍紀

モンゴル軍の軍紀が厳正であったことについてジュワイニー（第三章第一節に既出）の書物から引用する。彼はホラズム王朝に仕えていたがそれが成吉思汗の西征によって壊滅してからモンゴル政権に招かれた人である。彼はその出身からしてあくまでホラズム王朝に愛着をもっているのであるが、その敗戦の原因がホラズム自身の無知と失策にあることから、かえって激しい怒りをホラズムに対して感じ、敵方であって心の底からは好きになれないモンゴル族に畏敬の念を抱くのである。こういうジュワイニーの心理状態を頭において彼の文章を理解したい。

「人類はじまって以来現在にいたるまで、モンゴル軍のようなものはかつて存在しなかった。彼らは困苦に耐え、快楽を喜び、命令に忠実である。それは賃金や封土や収入や昇進めあてではない（ホラズムの軍隊はこれらがめあてだとジュワイニーは考えている）。ライオンは腹がすいていない間は他の動物を襲わないものである。ペルシアの諺にいう『満腹した犬は獲物をねらわぬ。』全世界の軍隊でモンゴル軍隊に匹敵するものがあるだろうか。戦争の時には、彼らは訓練された猛獣のように敵を襲い、平和な時には、乳を出し毛や皮を供給するおとなしい羊のようである。

出征に際してはその目的のために必要なすべてのものを点検する。武器はもちろん、旗、針、綱、乗馬、駄獣（ロバやラクダ）などあらゆるものをそろえる。点呼の時には装備の検閲を受け、少しでも欠けたものがあると責任者は処罰される。

彼らは農民のような兵士で、不平も言わずに基本税や臨時税を収め、また公用旅行者の接待や駅站の維持に奉仕している。彼らはまた兵士のような農民である。老幼貴賤を問わず戦争に際しては剣士となり、射手となり、槍手となり、状況が必要とするいかなる方法ででも戦うのである。戦争中でも課税を免除されることなく、力役は妻が代わって行なう。

軍隊の召集や点呼の制度が完備しているので、徴兵簿や徴兵担当官をおく必要がない。すべての兵士は一〇人の組に分けられ、その一人が長となって他の九人を指揮する。一〇人の十戸長から一人の百戸長を選び、一〇〇人がその指揮下にはいる。一〇〇〇人で千戸、一〇〇〇〇人で万戸を作り、万戸の長をテュメンという。

編成がこのようになっているから、非常事態に際して兵員を必要とするときには、万戸の長からしだいに下の単位へ命令をおろせばいい。緊急の召集命令は、どれだけの人数が何日の何時にどこへ集まれというようになされる。兵士は定刻に一瞬の違いもなく集合する。どんな高級の指揮官でも、彼がどんなに汗から遠くに離れていても、少しでも誤りを犯せば、汗は兵士ひとりを派遣するだけでこれを処罰することができる。きめられた法律に従って、死刑なら兵士は犯罪者の首を切るし、罰金なら金を取り上げてくるのである。

以上に述べてきたモンゴル軍隊の特色は、他の諸王（たとえばホラズム王）の軍隊といかに相違していることか。他の諸王は金で奴隷を買って兵士とする。それが馬の一〇頭も持てば、王は気をつけて物を言わねばならない。奴隷は軍の司令官になることもあり、そうなると王は何も言うことはできない。奴隷上りの将軍が富をたくわえて力を得ると、王に対して反乱をおこすことがしばしばある。

王は敵と戦うため軍隊を用意するのに何カ月も何年もかかり、兵士の給料を払ったり封土の分配をするのに莫大な予算を必要とする。給料を受け取る時には兵士の数は何百何千も増加す

遊牧民の野営図。トルコ人画家の筆になる『征服者のアルバム』より。
（イスタンブールのトプカピ図書館所蔵）

るのに、いざ戦闘となると彼らの隊伍は混乱し、一人も姿を現わさないことすらある。給料支払に当っては指揮官は人数を水増しし、検閲のときには他から兵士を借りてきて人数をそろえるのである。」

成吉思汗国家の中核をなしたのは、第三章第四節でみたジャムカのタヤン汗に対する解説からわかるように、まず汗の弟たちである。その中には汗と血を分けた弟だけでなく、異母弟ベルグタイや、敵方から拾われて育てられた義弟たちも数えられる。そのほかには汗とは血縁関係のない忠臣の集団「四匹の狗」や「四頭の駿馬」があった。またウルウト氏とモンクト氏は純正モンゴルに属するけれども成吉思汗との血は遠い。これと対照的なのは成吉思汗を推戴した人たちである。彼らは汗がジャムカと対立するようになると、こぞって汗のもとを去ってジャムカに付いた。それはなぜであろうか。彼らはおそらく純正モンゴルの中の名門、有力者としての自負があり、成吉思汗の勢力の急速な発展を快くは思わなかったのであろう。また汗としても名門、有力者と絶縁することによって自分自身の勢力を築くことができたのである。

Ⅲ

世界の征服者

第五章　城郭都市への攻勢

第一節　東アジアの動向

❖異民族王朝の繁栄

第一章第二節で述べたように、万里の長城は中国人と異民族、文明の地と非文明の地の明瞭な境界であった。四世紀から五世紀にかけて五胡十六国時代というのがあり、長城以北の諸民族が中国に侵入してきて多くの政権をたてたことがあった。しかし彼らは中国の地を本格的に統治することなく、まもなく崩壊してしまった。したがってこれらは中国史の正統の王朝とは認められていない。

北方民族で中国の地にはじめて正統の王朝をたてたのは契丹《きったん》族の遼《りょう》である。ついで女真《じょしん》族の金《きん》であり、さらにモンゴル族の元《げん》と続く。九六〇年に天下を取った中国の王朝である宋《そう》は、文を尚《とうと》び武を卑しむ政策をとり、これが、対内的にはある程度の成功を収めたが、軍事力の弱体化は異民族の圧迫を受けることになった。まず契丹族である。これは中国東北部のシラムレン川の流域にいたモンゴル系の半農半牧の民族で、一〇世紀の始め、耶律阿保機《やりつあぼき》（耶律が姓）という者が出て契丹族の主権者となった。これが遼の太祖である。彼は国家の体制を整えるや長城以南の宋の領土に攻め入って北部中国のいわゆる燕雲《えんうん》十六州の地を奪った。宋はこの奪回をくわだてて争った末、一〇〇四年に和議が結ばれ、宋が兄、遼が弟となり、宋が毎年銀や絹を遼に贈ることを約した。これは中国が後進国に与えた経済援助とも解しうる。

のちに金朝をたてた女真族もこの遼の支配下にあった。これはツングース系で半農半狩猟の民族であり、精強さにおいて決して契丹族に劣るものでなく、

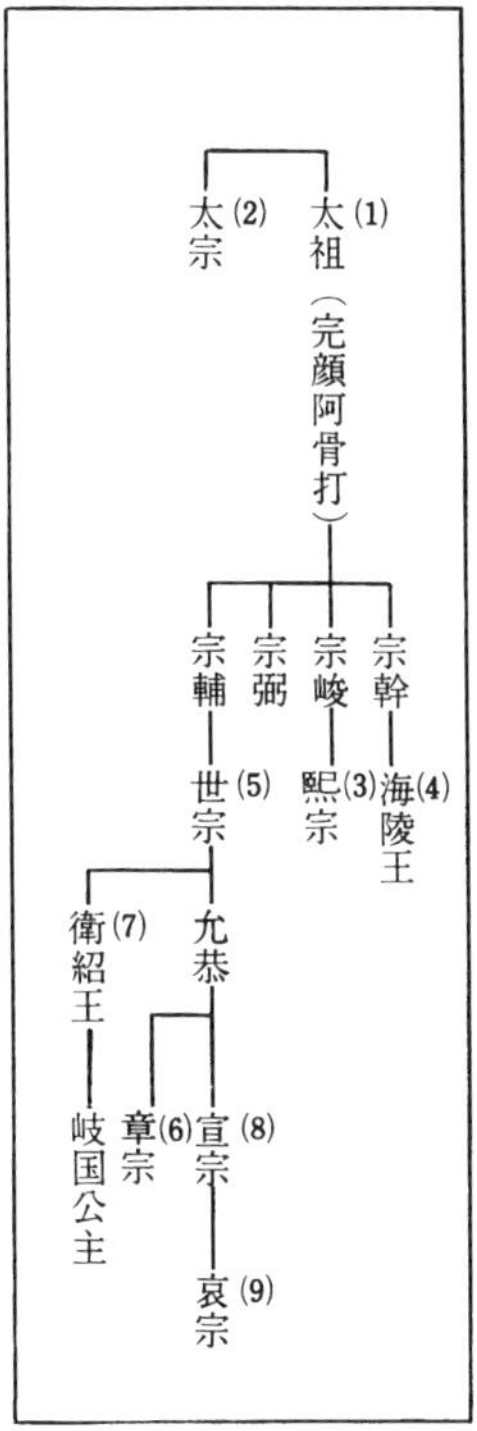

金朝系譜

「女真は万に満たず。万に満つれば敵すべからず」と契丹人自身が言うほどであった。一一一三年、女真族の完顔《かんがん》氏の阿骨打《あくだ》という者が酋長となった。

彼は遼朝から節度使の称号を授けられて手なずけられていた。遼朝の皇帝が完顔氏の地に巡幸すると、彼は貢物をもって皇帝のもとに参上し、慰労の宴会を賜うのが常であった。

その完顔氏が遼朝に楯《たて》つく時が来た。その原因の一は遼朝の苛斂誅求《かれんちゅうきゅう》であり、二は完顔氏に対立する紇石烈《きっせきれつ》氏《し》を遼朝が庇護したことであった。阿骨打は一万の兵を率いて起ち上がり、全女真族を結集して遼を攻撃した。一一一五年、彼は皇帝の位について国を金と号した。彼が金の太祖である。そして宋と結んで南北から遼を挾撃しようとした。宋としても先に遼に奪われた燕雲十六州を取り戻す好機として金と手を結ぶことを得策と考えた。中国には昔から北方民族の勢力を弱めるためにそれを分裂させる政策、いわゆる「夷をもって夷を制する」というのがある。ここでもその手を使ったのである。

宋金の同盟は成立したが、金軍の勢力があまりに強かったため、宋の力を借りることなく遼を滅ぼすことができた。宋はそれまで遼に与えていた銀や絹を金に贈ることにし、燕京ほか六州を宋が得ることになった。しかし宋は金に対して多くの背信行為をあえてした。たとえば遼の最後の皇帝である天祚帝《てんそてい》をひそかに支持して、金に対する反乱を起こさせようとしたりした。怒った金は宋に対して軍事行動をおこし、宋の都開封《かいほう》を占領して、皇帝徽宗《きそう》・欽宗《きんそう》父子を捕えて北に連れ去った。これが北宋の最期である。宋王室は南に移り、揚子江（長江）の南にある杭州《こうしゅう》を都として南宋が始まる。

金と南宋との境界は東は淮河《わいが》と西は大散関を結ぶ線となった。宋は金に対し金、銀、馬、絹などを贈ることとし、金が伯父《おじ》で宋が姪《おい》という関係に立つこととした。さきに遼に対して宋は兄として優越の立場にあったが、今度は金に対して明らかに劣った地位に甘んじたのである。かくして金朝は北方民族である女真族のたてた王朝であるとともに、領内の中国人の上に君臨する中国的王朝ともなったのである。

❖新興勢力モンゴル

金朝第三代の熙宗《きそう》は官制を改革し、太祖以来の女真族固有の族長会議を廃止して、純粋に中国風に中書省・門下省・尚書省の三省による中央政府を組織した。軍事制度としての猛安《もうあん》・謀克《ぼうこく》制は強化され、金軍は南宋を圧迫し続けた。そして南宋はついに金に対して臣下の礼をとることを誓った。熙宗はまた西の西夏《せいか》、東の高麗《こうらい》を服属させ、東アジア第一の大国の皇帝となった。熙宗を殺して帝位についた海陵王は中国全土を併呑しようという大望を抱き、陸軍のみならず水軍をも編成して南宋討伐に進軍した。

しかしこの海陵王の雄図を動揺させたのは、金国内部における契丹人の反乱と、王室内部の反海陵王感情である。そして世宗《せいそう》が海陵王にかわって帝位につき、国内の反乱を平らげ、宋との和議を結んだ。満ちれば欠けるのが自然の法則である。北方民族として空前の領土を形成した金朝も、諸種の矛盾が露出して、発展は停止し、守成期に入り、ついで衰亡に向かう。

金朝を動揺させる要因としてここで考えたいのは、ひとつは金朝治下の契丹人の問題である。遼朝治下で女真人が不気味な存在であったのと同じなのが金朝治下の契丹人である。それと南宋との対立がある。それにこの頃にようやく重要視され始めたのが金国の辺境をうかがうモンゴル族の動静である。それも最初はモンゴル族の勢力は金国の前には物の数でなかった。『蒙韃備録』にいう。

「金は三年ごとに兵を遣わして北に向かって討伐をする。これを〈減丁〉という。今でも中原（黄河下流地方）の人はこのことをよく覚えている。二一〇年前には山東や河北の家ではみなモンゴル人を買って奴婢としたものだった。彼らはみな金軍が捕えてきたものである。モンゴル人は年ごとに金朝に貢物を献上するが、金側はこれを受け取るのに長城の中へは入れないで外で受け取って追い払う。モンゴル人はそのため砂漠へ逃げこみ、金に対する怨みは骨髄に徹している。章宗（世宗の次）の時代になってモンゴル人狩りをやめさせたのでモンゴル人は安心したが、金としては不安なので、新しい長城を浄州の北に築いた。」

このように金朝はときどきモンゴル族を討って、あるいは殺し、あるいは捕えていた。モンゴルとしてはとても金朝に対抗はできなかったが、金朝に対する怨みを抱いていた。

次にラシードウッディンの『年代記彙集』にこんな話が出ている。

「カブル汗（第三章第二節に出た）はモンゴル族の間に名声と信頼を得、その王者であり指導者であった。彼と彼の子供はすべて勇者であり英雄であったので、彼らの名声はキタイ（契丹）の地（「キタイの地」とは遼領、すなわち中国北部を指す）のアルタン汗（金国皇帝をいう。当時は熙宗）や彼の将軍のところまで達し、カブル汗は偉大で信頼すべき人物だとアルタン汗は思い、双方に友好関係を樹立しようと望んだ。そして使者を遣わして彼を招待した。カブル汗が金廷に至るや、アルタン汗は彼を厚くもてなし、さまざまなおいしい食べ物と、大量の美酒を整えた。金側は計略をたくらみ、屈強の勇士を潜伏させて、カブル汗を暗殺しようとした。出された食べ物の中に毒が入っていることに気づいたカブル汗は、休息すると称して外へ出、ちょうど暑い日だったので、川の中へ入って水を浴び、食べたものをついでに川の中へ全部吐き出してしまった。そしてまたアルタン汗のところへ戻ってきて大いに食いかつ飲んだ。金人たちは驚いて、『この男は神がこのように強い人間に生んだので、これだけ飲み食いしてもちっとも弱らない』と言い合った。

ある日、カブル汗は酒に酔って、手を叩き足を踏みならしながらアルタン汗に近づいて、その鬚をひっぱった。これは非常に無礼な行為である。お側《そば》の者はこの行為に怒って、彼を殺そうとした。しかしアルタン汗は怒らず笑っていた。カブル汗は恐縮して自分を罰せられんことを乞うた。アルタン汗は賢明で忍耐強い王で、カブル汗を信頼していたので、このような小さな過ちから両者の友情を失うことはないと不問に付し、なおまた宝庫から金銀衣類を出してカブル汗に与えて帰らせた。」

カブル汗はモンゴル族の初めての汗であり、また彼の時にモンゴル族は金朝と初めて接触をもったのである。金とモンゴルの間はもちろん君臣の関係であった。

カブル汗の地位を継いだのはアンバガイ汗である。この人と金朝との関係については『元朝秘史』が伝えている。それによると、アンバガイ汗はブユル湖とコレン湖の間にあるウルシュン川にいるアイリウト、ビルウトという姓のタタール族に自分の娘を与えることになり、自分で娘を送って行く途中で、タタール族のジュイン姓の者がアンバガイ汗を捕え、キタト（契丹の複数、中国人を指す）のアルタン汗（この時は海陵王）に引き渡した。捕えられたアンバガイ汗はベスト氏のバラカチを使者として、カブル汗の子クトラと自分の子カダアン＝タイシに伝えさせた。「一国の王たる者が自分で娘を送って行くようなことは断じてしてはならない。自分はタタールに捕えられた。五本の指の爪がはがされるまで、十本の指がすりへるまで、自分の仇を報いよ」と。

ここに見られるのは復讐の習慣である。また金はモンゴル諸部族の勢力を弱めるために彼らを互いに対立抗争させていたのである。「夷をもって夷を制する」である。

のちにタタールは金に背いた。キタトの民のアルタン汗（この時は章宗）はタタール族のメグジン＝セウルトが命に従わないため、王京丞相に討伐を命じた。このことを知ると成吉思汗は祖先の仇を報いるよい機会だと、ケレイト族長トオリル汗と協力してタタールを打ち破り、メグジン＝セウルトを殺した。王京丞相は喜んで、成吉思汗にジャウトクリの肩書を、トオリル汗に王《オン》の称号を与えた。この話は『元朝秘史』に見えるもので、すでに第三章第三節で紹介した。この時もまだモンゴル族は金朝に臣従していた。

❖金の衰弱とモンゴルの隆勢

金朝はしだいに衰弱に向かい、モンゴル族は成吉思汗の統率の下に実力をつけてきた。ではこの両者の立場が逆転するのはどの時点であろうか。金の海陵王は荒淫と評され、その性急な内外の政策は反発を招いて自分の部下に殺されるという結果に終った。しかしその後に出た世宗（在位一一六一—八九年）と章宗（一一八九—一二〇八年）は発展こそなかったが安定した時代を出現させた。とくに世宗の在位は金朝を通じてもっとも長く、「小堯舜」（堯と舜は中国古代の伝説上の聖君子）と称せられる人格者であった。章宗は詩文書画をよくする中国的教養人であった。

ところが章宗の在位の末期、一二〇六年にモンゴル族の成吉思汗が全モンゴリアを統一して組織を整備したことを思い出さねばならない。モンゴル族の上昇曲線は急に上を向いた。一方、金では不幸なことに、章宗の後を継いだのが「柔弱にして智能すくなし」と評せられる衛紹王《えいしょうおう》であり、金の下降曲線は急に下を向くこととなった。この二本の曲線の交点を示すのは『元史』太祖本紀の伝える次の挿話である。

成吉思汗は毎年の貢物を金朝に献上しようとした（金国の内情を探る目的もあったであろう）。金の章宗は、叔父の衛紹王を遣わして浄州でこれを受け取らせた（浄州は今の綏遠《すいえん》の東北にあり、『蒙韃備録』にいうように章宗はここに長城を築いていた。そこで貢物を受け取ったということは章宗が成吉思汗を恐れてこれを国内に入れなかったのである）。成吉思汗は衛紹王に会ったが礼儀を示さなかった。衛紹王は成吉思汗の無礼に怒り、朝廷に帰るやただちにモンゴル族討伐を主張した。しかしまもなく章宗が死んでその議はとりやめになり、章宗の遺詔により衛紹王が即位した。そして諸国に使をやって即位のことを通知させた。モンゴル族へも使が行き成吉思汗にまみえた。汗は問うた。

「新君は誰か。」

金の使は答えた「衛紹王です。」

これを聞くや汗は南の方（金の方）に向って唾を吐いて言った。

「我は中国皇帝とは天上の人がなるのかと思っていたが、このような凡庸なものでもなれるのか。どうして拝んだりしようか。」

そして金の使者を棄てて馬に乗って去った。これによりモンゴルと金との国交は断絶し、衛紹王は怒ってモンゴルを討伐しようとしたが、国力はもはやこの新興の大敵に及ばなくなっていたのである。

なお海陵王と衛紹王の両人は皇帝ではあったが、その行跡が悪かったため、死後は「王」の扱いしかうけていない。

第二節　復讐としての金国侵入

❖外交顧問耶律阿海

モンゴル族が金国に侵入するにあたっては、成吉思汗は多種多様な協力者を得た。戦闘力そのものはもちろん彼の古くからの部下を中核とするものである。しかし戦争に必要なのが戦闘力そのものだけではないことは昔も今も変らない。政治的工作や情報の収集をも怠らなかったことが、成吉思汗の軍事的成功の重要な原因としてあげられよう。成吉思汗の金国侵入に貢献したまず第一の人物は耶律阿海《やりつあかい》である。耶律という姓が示すように彼は遼朝の名門の出である。祖父の代に遼が亡んで金に仕えた。父は尚書省奏事官という地位についた。阿海自身は騎射に巧みで、しかも北方諸部族の言語に通じていた。章宗のときに命を受けてケレイト族のところへ使いし、その族長オン汗のところで成吉思汗を知った。成吉思汗は阿海をひと目見るや、その人と異なる容貌に打たれ、心を傾けて交りを結ぶようになった。

阿海は金国の辺境の防備がゆるみ、風俗も乱れて、その滅亡が近づいていることを伝えた。成吉思汗は喜んで、自分に仕えるよう頼んだ。そこで阿海は弟の耶律禿花《やりつとか》とともに仕えるようになった。成吉思汗とバルジュナ湖の水をいっしょに飲んで辛苦を共にしようと誓い合った仲間に、この兄弟が入っている（このことは『元朝秘史』になく、『元史』にある）。阿海は成吉思汗にとって重要な人物であった。なぜなら彼は金に仕えて金国の内情を知っている。そして遼の名門の出であるからには、遼を滅ぼした金には忠誠心を抱いていないはずである。なお北方諸民族の言語に通じているということは、モンゴルと金とそれをとりまく国際情勢に通じているということである。成吉思汗は金を伐つにあたっては耶律阿海の意見を十分に尊重したと思われ、モンゴル族の軍事行動は石橋を叩いて渡るように慎重であった。

彼らは金を攻める前にまず西夏を攻めた。これは、ラシードの分類によれば第三章独立諸部族のタングート族がたてた王国である。この西夏の都市は中国風の城郭都市であった。『元朝秘史』の言い方では「土の牆《かき》ある城《まち》」である。したがって西夏を攻めることは城を攻めることである。成吉思汗は一二〇九年から翌年にかけて西夏に侵入した。そしてその首都を水攻めにしたため、国王の李安全（唐朝から李姓を与えられた）は娘チャカを成吉思汗に献上して降伏した。このような城郭都市を攻めることは、それまで広濶な草原での騎兵戦闘だけになれていたモンゴル族にとってはじめての経験であり、それが金や西アジアの城を攻めるのに役立ったといえよう。

成吉思汗はその死の直前にふたたび西夏を攻撃する（終章参照）。

❖長城の門戸を守るオングート族

成吉思汗に協力したもうひとりはオングート族長アラクシである。オングート族というのは万里の長城のすぐ北側に住む遊牧民である。ラシードの分類ではケレイトやナイマンと同じく「独立諸部族」に属し、『輟耕録《てつこうろく》』では「雍古歹《オングタイ》」として「色目」の部類に入れられている。

オングートと成吉思汗の結びつきは『元朝秘史』によればつぎのようである。成吉思汗がナイマン族を攻めようとしたとき、ナイマン族はオングート族に援助を求めた。ナイマン族にとってはやはりオングート族は同類だという意識があったのであろう。ところがオングート側はこの申し出を拒絶し、このことを成吉思汗に通報した。この功により成吉思汗は九五の千戸を任命した際、オングート族を五つの千戸に編成し、アラクシをその五千戸の長に任命した。

ラシードはこのオングート族について次のように書いている。

「成吉思汗のときのオングート族長はアラクシという人であった。彼はひそかに成吉思汗と気脈を通じていた。ナイマン族長タヤン汗が成吉思汗に敵対した際、アラクシのもとへ使いをやって、同盟して成吉思汗に対抗するよう求めた。アラクシはこのことを汗に知らせた。そののち成吉思汗がキタイに向かって進撃したとき、アルタン汗に対して敵意を抱いていたアラクシは、長城の通路を成吉思汗に教えた。」

また『元史』の阿剌兀思《アラクシ》列伝には乃蛮《ナイマン》族の太陽汗《タヤン》が協力を求めてきたときのことをこう書いている。

「アラクシはその申し入れに従わず、ナイマンの使者を捕え、酒六樽を成吉思汗に奉ってそのことを知らせた。当時のモンゴル族はまだ酒を知らなかった。成吉思汗はその酒を盃に三杯飲んでやめて言った。

『この物は少しだけなら飲めば元気が出るが、多すぎると本性を失う。』

オングートの使者が帰るに際して、成吉思汗は馬五〇〇頭と羊一〇〇〇頭を贈った。そして共同してナイマンを攻めたが、アラクシは約束の日時より早くかけつけた。ナイマンを平らげたのち太祖が中国を攻めた時には、アラクシはその嚮導の役を勤めた。」

酒の飲み方についての成吉思汗の教えは今日の我々にも有益であろう。オングート族の中心は、内蒙古の百霊廟の近くのオロン-スムで、中国に近かったから、遼、金の両王朝を通じて辺境防備の任に当るものもいた。とくに金代には、糺軍という辺境防備の外人部隊の一として長城の門戸を看守していた。また中国の影響を受けて文化水準も高かった。これを味方につけることによって成吉思汗は中国についての知識を得、また中国侵入のための前進基地とすることができたのである。なおオングート族もケレイト族と同じくネストリウス派キリスト教徒であった。

❖偵察としての侵入

一二一一年三月、成吉思汗はみずから大軍を率いてゴビ砂漠を越え、陰山山脈付近のオングート族の住地に入って兵を休め暑さを避けた。七月に進攻を開始し、主力は撫州《ぶしゅう》——宣徳府《せんとくふ》——居庸関《きょようかん》の道をたどった。現在はこの線を鉄道が通っている。一部は東に進み、桓州《かんしゅう》から大《たい》水濼《すいはく》を経て臨潢《りんこう》に向かった。この中には「四匹の狗《いぬ》」のひとりスブタイが将として加わった。

金の衛紹王は最初はモンゴル軍の来襲を意に介さなかったが、モンゴル軍がいよいよ近づいたことを聞いて事態の重大さに気がつき、急いで西北路招討使の粘合合打《ねんごうかだ》を遣わして講和させようとしたが、成吉思汗はこれを受け入れなかった。そこで金では兵を増して守りを固めた。平章政事の独吉千家奴《どくきつせんかど》と参知政事の完顔胡沙《かんがんこざ》をして撫州に駐屯させ、千家奴はさらに進んで烏《う》沙堡《ほほ》を修築してここに拠った。金側はオングート族がまだ自分の味方であると考え、警戒もおろそかであった。

金朝の官制

（三師）
- 太師
- 太傅
- 太保

尚書省
- （六部）吏部・戸部・礼部・兵部・刑部・工部

尚書省の官職

尚書令
- 宰相：左丞相・右丞相・平章政事
- 執政：左丞・右丞・参知政事

軍制

元帥府─万戸─猛安─謀克
- 招討司（辺境の防備に当る。西南・西北・東北の三所あり。その長が招討使）

元帥府の官職

都元帥・左副元帥・右副元帥・左監軍・右監軍・左都監・右都監

七月、モンゴル軍のジェベ（「四匹の狗」のひとり）を将とする先鋒が烏沙堡を抜いた。金軍は野狐嶺《やこれい》に退き、千家奴は免職となり、完顔胡沙がその軍をあわせ指揮した。八月にモンゴルの大軍が近づくと、胡沙は戦いを避けて宣平《せんぺい》に退いた。モンゴル軍はこれを追撃して会河《かいが》堡《ほ》において金軍を大いに破った。胡沙は身をもってのがれ宣徳に入った。

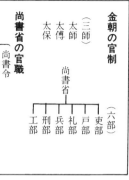

これと同時にモンゴルの別動隊は西京（今の大同）を攻めた。ここを守る金の将軍は紇石烈氏出身の胡沙虎《こさこ》で、彼はモンゴル軍の到来を聞くや大いに恐れ、七〇〇〇の部下を率いて城を捨てて東へ逃げ中都（いまの北京《ペキン》）へはいろうとした。しかし、途中で定安《ていあん》の北で一部のモンゴル軍と遭遇したが、戦意なく、自分は側近の兵をつれて先に逃げた。按察使の抹撚尽忠《まつねんじんちゅう》は西京にふみとどまった。胡沙虎は中都へ帰ったが、衛紹王のために罰せられて官職を退いた。

モンゴル本隊は宣徳を陥れた。参知政事完顔胡沙は逃げて中都に帰り、これも免職させられた。モンゴル軍はまた徳興《とくこう》を攻め落した。成吉思汗はジェベをして居庸関を攻めさせた。ここは華北平原の北縁をなす山脈の一峡谷で、モンゴリアと北部中国を結ぶ交通の要衝である。中都北京を北方から守るためには、どうしてもここを確保しなければならない。したがって金軍の守備は厳重で乗ずる隙がなかった。ジェべは退却すると見せかけ、金軍が関を出て追撃するのを待ちうけてこれを撃破し、ついに居庸関を占領した。成吉思汗もここへ前進し、ついでジェべをして中都を攻めさせた。またジュチ、チャガタイ、オゴタイ三皇子と諸将を分遣して各地を却掠させた。東は平《へい》・灤《らん》を過ぎ、南は清《せい》・滄《そう》に至り、西は雲内《うんない》・東勝《とうしょう》・豊《ほう》・浄《じょう》・威寧《いねい》などの諸州を破り、西南は武《ぶ》・朔《さく》・忻《きん》・代《だい》に至った。モンゴル軍の行くところ、金人は風を望んで来降した。ただ中都と西京の二都は下らなかった。

ジェべが中都に達すると、金朝では城内の兵士を総動員するとともに、城外からの援軍を求めた。上京（中国東北部ハルビンの南方）から二万の兵が中都に到着して防禦作戦に参加した。中都の防壁は堅固で、この援兵を得たので、ジェべは功なくして退いた。

成吉思汗のこの第一次金国侵入は、金国を一挙に滅亡させようとする企図のない、いわば小手調べの戦争であった。彼の今回の出征は季節を十分に考慮していることに注意しなければならない。すなわち三月（旧暦による）、つまり春の末にゴビ砂漠を通過した。この時期は雪どけの水が得られる（夏から秋にかけては暑さ激しく、水がなく砂漠横断は困難である）。そして七月頃まで陰山付近で馬を養い兵を休ませ、それをまって攻勢を開始したのである。

第三節　対金国大攻勢

❖黄河以北を蹂躪

一二一一年の第一次侵入に続いてその翌年にも偵察的な侵入を試みた。すなわち一二一二年秋、成吉思汗は兵を率いて金の西京を囲んだ。金はこれに援軍を送ったが、モンゴル軍はこれを撃滅した。西京の包囲を続けたが、成吉思汗は督戦中に流れ矢に当って傷ついたので、囲みを解いて去った。同じころ皇子ツルイの率いる一隊は徳興を攻め、その城を破壊して引き揚げた。これらはいずれも本格的な攻勢でなく、目標を限定した戦争であった。モンゴルに比べれば金国はやはり大国であり、そのことをよく知っている成吉思汗は軽率な軍事行動を慎しんだのである。

その翌年、一二一三年、太祖八年に、成吉思汗は前二回の経験を生かして大規模な攻勢をかけることになった。季節はやはり秋である。七月にモンゴル軍は宣徳を抜き、徳興を破り、八月には嬀川に達した。金では行省の完顔綱《こう》と権元帥右都監の朮虎高琪《じゅっここうき》が兵を率いて鎮州に駐屯していたが、成吉思汗は大いにこれを破って居庸関の北口に迫った。金人は精兵をもってこの要地を守り、鉄製の門を固く閉ざし、平地一帯には刺《とげ》のある草を敷きつめて障礙《しょうがい》とした。モン

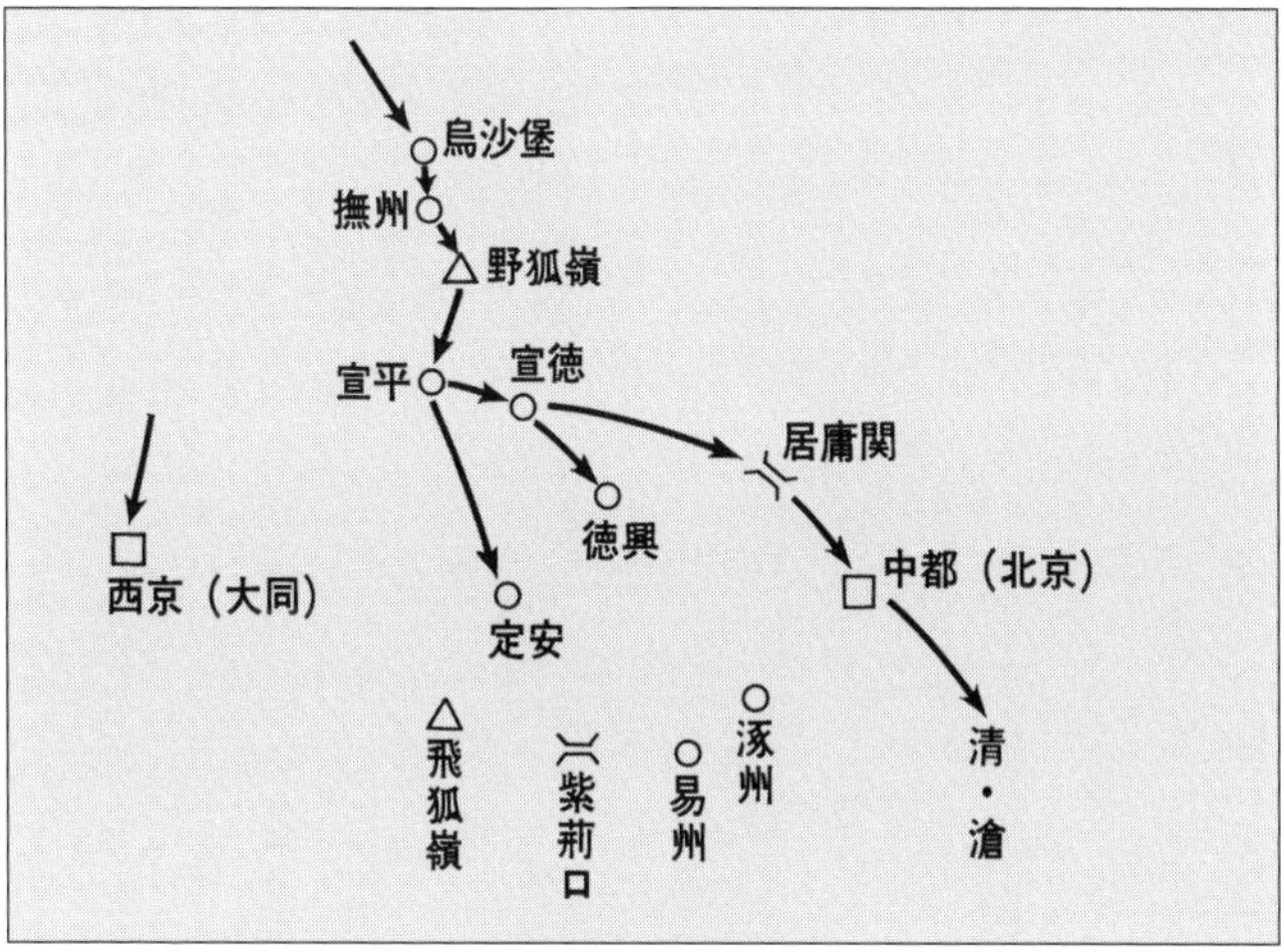

成吉思汗の金国侵入

ゴル兵は北口の外まで来たが、そこから中へ入れなかった。

　この八月に金朝に政変がおこった。第一次侵入に際して任地を捨てて逃亡し、その職を免ぜられていた胡沙虎が、兵を率いて皇城に攻め入り、衛紹王を捕えて殺し、また完顔綱をも殺した。そして章宗の異母兄を即位させた。これが宣宗《せんそう》である。胡沙虎が太師・尚書令兼都元帥、つまり文武の最高官となり、朮虎高琪が元帥右監軍となり、このふたりが軍を率いてモンゴル軍に対抗することになった。

　成吉思汗は居庸関の地形が険要で防備も厳重なのを見るや、強攻を避け、一部の兵を北口に留めて監視させ、みずから主力を率いて西方に移動し、間道を通ってひそかに進み、飛狐嶺《ひこれい》を経て紫荊口《しけいこう》に入った。飛狐嶺の金の守将趙珪《ちょうけい》は戦わずして降った。朮虎高琪は中都から打って出て、五《ご》回嶺《かいれい》でモンゴル軍と戦ったが敗走した。モンゴル軍は勝に乗じて前進し、易州《えきしゅう》を破った。

　そののち成吉思汗はジェベに命じて居庸関を南口から攻

めさせた。そして北口にいたモンゴル軍とともに南北から夾攻して、ついに居庸関を陥れた。成吉思汗は一部の兵をして中都に通ずる道路を監視させ、みずから兵を引いて涿州《たくしゅう》を攻め、一〇月にこれを下した。

朮虎高琪は敗れて中都に帰ったが、胡沙虎に処罰されることを恐れ、胡沙虎を襲ってこれを殺した。宣宗ははじめて胡沙虎の横暴に気がつき、高琪の敗戦の罪を許して平章政事にとりたてた。

成吉思汗は涿州を取ったのち、中都を攻めることなく、兵を三路に分けて金国の腹中深く攻め入り、大挙して剽掠した。

まずジュチ、チャガタイ、オゴタイの三皇子は右手軍（西軍）となり、太行《たいこう》山脈の東ぞいに南下し、邢州《けいしゅう》、安陽《あんよう》を抜いて黄河北岸に達し、そこから西に折れて進み、再び北に曲って今度は太行山脈の西ぞいに潞《ろ》州、沁《しん》州、太原《たいげん》を通り、一部は平陽《へいよう》、汾《ふん》州、嵐《らん》州、五寨《ごさい》を経て、北に去った。

弟ジュチ゠カサルは左手軍（東軍）となり、薊《けい》州、平州を取り、東北進して遼河西方の諸州を攻めた。

成吉思汗は末子ツルイとともに中路軍を率い、滄《そう》、景《けい》、博《はく》、泰安《たいあん》、済南《さいなん》、濰《い》、登《とう》、沂《きん》、海《かい》の諸州府を取った。

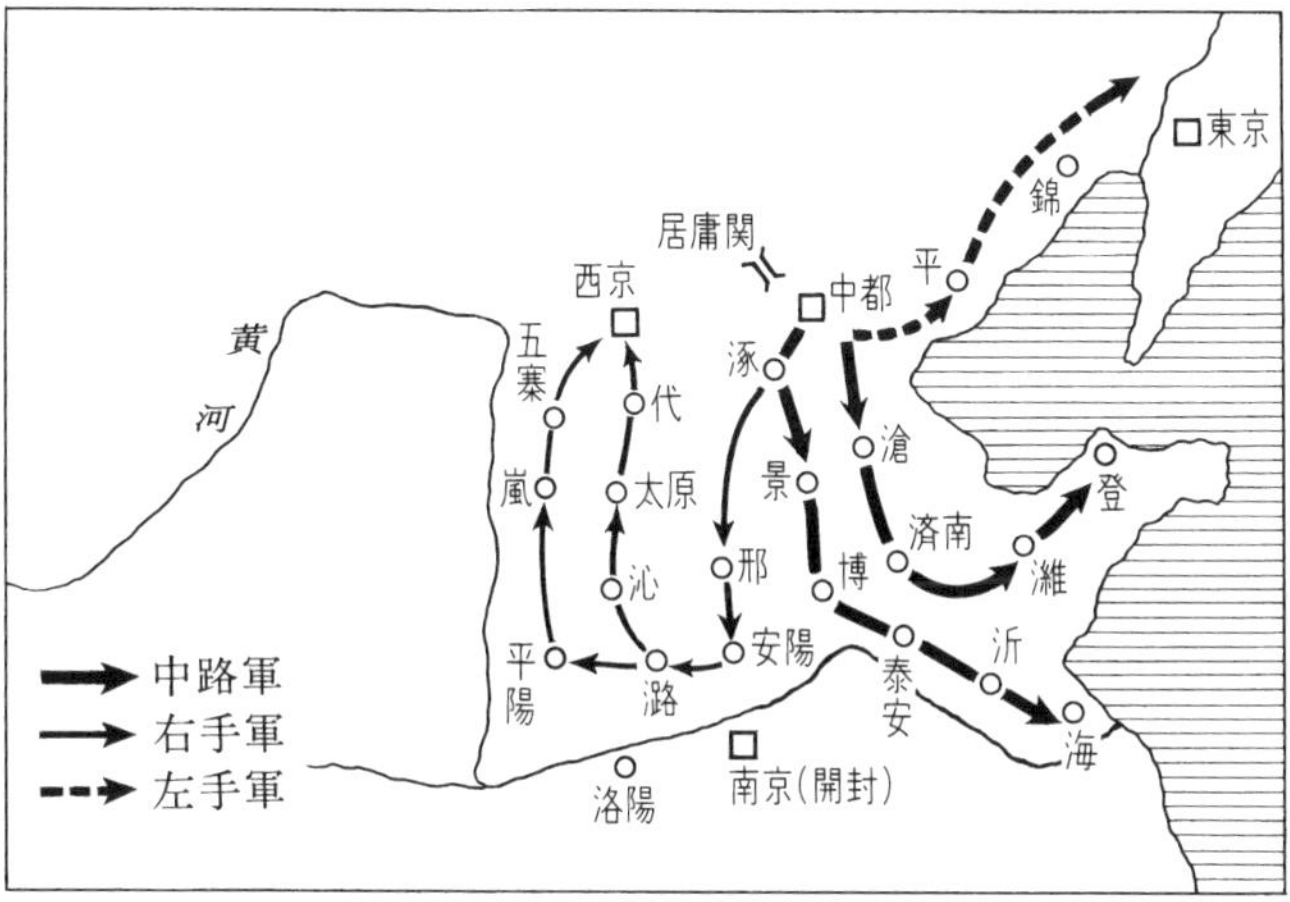

第三次金国侵入

そのころの黄河は、章宗の明昌五年（一一九四）に決壊して以来、山東半島の南にも流れ、淮河に合流して海に注いでいた。したがってモンゴル軍がその馬蹄の下に踏みにじった地域は黄河以北の地だといってもよい。金都中都は大海の小島のように孤立してしまった。その年、一二一三年の暮、成吉思汗とツルイは戻って西北の郊外から中都を監視して外交交渉に備えることにした。その後の中路軍はムカリが指揮をとった。

成吉思汗は使者を中都へ遣わして和議を申し入れさせた。翌一四年二月、金の宣宗は大臣を召集して和戦の問題を討論させた。平章政事朮虎高琪は言った。

「敵の兵も馬も疲れていると聞く。この機に乗じて死を決して戦おう。」

これに対して都元帥の完顔承暉《しょうき》は言った。

「我が軍は急いで募集したから、将士は中都にいても、その家族は地方にいるから、将士の心はそちらに向いているかもしれない。戦いに敗れれば散り散りになるだろうし、幸いに勝っても妻子のところへ帰るだろう。国家のために考えるに、ここで和議を結んで、敵兵が去ってから再挙を図るのがよかろう。」

宣宗はこの提案を取り、三月に承暉を成吉思汗の軍営に送った。モンゴルの諸将はみな即時中都を破るべしと主張したが、汗はこれを認めずに言った。

「こんな孤城ひとつぐらい残しておいてもよかろう。金が力守して自分で苦しむのを待とう。」

金は衛紹王の娘、名は岐国公主《きこくこうしゅ》（公主は天子の娘）を成吉思汗に捧げ、また絹や馬も奉った。こうして和議が成立し、モンゴル軍は撤退した。完顔承暉はこれを居庸関の外まで見送った。モンゴル軍は疾風迅雷のように金朝治下の北部中国を通り抜けて去ったのであるが、そこで中国を研究したにちがいない。その征服の方法、統治の方法はどうあるべきかという問題が、成吉思汗はじめ首脳部の心の中でしだいに答を得ていったのではあるまいか。

❖中都の陥落と耶律楚材の帰付

モンゴル軍が去ったあと、一二一四年五月、宣宗は都を中都（北京）から南京（開封）に移そうとした。開封は黄河の南にあり、北宋の都であった町である。宣宗たちが中都を出発してしばらく行くと、護衛の契丹兵が反乱をおこして中都へ帰ってしまった。完顔承暉は中都の留《りゅう》守《しゅ》をしており、このことを聞くと兵を発して反乱兵を防ごうとしたが、かえって敗れてしまった。彼らは中都の防備が固いことを考えて入ろうとせず、成吉思汗に使をやって降伏を申し入れた。

この年の六月、成吉思汗は金朝の遷都のことを聞くや、大いに怒って言った。

「和議を結んだのに南遷するとは我々を信頼していない証拠だ。」

そこでサムカ＝バアトル（純正モンゴルのサルチウト氏の出身）を主将とし、石抹明安《せきまつめいあん》（契丹人で一二一二年に金よりモンゴルに降る）、耶律阿海、耶律禿花《とか》を前鋒とし、金に背いた契丹兵をあわせて、進んで中都を囲んだ。中都にたてこもるのは金の丞相兼都元帥である完顔承暉と、平章政事兼左副元帥の抹撚尽忠（西京防衛の功により昇進した）である。一二一五年春正月、通州に鎮戍していた金の右副元帥の蒲察七斤《ぼちゃしちきん》がモンゴルに降り、中都はいよいよ孤立、城内の軍民は大恐慌をおこした。承暉は手紙を南京へ送って急を告げた。しかし宣宗が送った援軍はいずれもモンゴル軍にはばまれて壊滅し、中都は孤立無援となった。

この中都に耶律楚材《やりつそざい》という人がいた。年齢は二五歳、地位は左右司員外郎という下級の文官である。遼の王族の子孫で、父の耶律履《り》は金朝に仕えて、世宗の世には礼部侍郎（礼部の次官）兼翰林直学士（詔勅を起草する官）となり、ついで章宗の下では参知政事、そして尚書右

中国の都市に入城するモンゴル軍。
(パリの国立図書館蔵『年代記彙集』古写本の挿絵)

丞の位に進んだ人である。その子楚材は中国の古典を学び、あわせて禅宗に帰依《きえ》した。身は契丹族の血を受け、女真族王朝の金に仕えながら、その教養は儒教と仏教に通ずる中国的知識人であった。

そして金朝治下でも実施されていた中国的高等文官試験たる科挙に第一位の成績で合格していた。モンゴル軍に包囲された中都の中で耶律楚材は草の根を掘って塩をかけて食べていた。六〇日もの間、米粒を口にしなかったが、彼は平然として普段の職務を勤めていた。中都の金軍は力尽きて、同年五月、完顔承暉は毒を飲んで自殺し、抹撚尽忠は軍隊を率いて脱出して開封に走り、宣宗によって誅殺された。

モンゴル軍の石抹明安がまず中都に入城した。彼は住民を安心させ、兵士の掠奪を禁止し、モンゴル軍が他の地で奪った物資を飢えた住民のために与えた。成吉思汗はさきに母ホエルンの養子で大断事官に任命していたシキ=クトクと、千戸オングル、侍衛の長であったアルカイ=カサルの三人を中都に送り、金王室の宝庫を調査させた。金の臣が金や絹を献上したところ、オングルとアルカイ=カサルは受け取ったが、シキ=クトクは受け取らなかった。彼はこう言った。

「昔はこの金や絹は金国皇帝のものであったが、今はすべて成吉思汗の所有物である。どうしてそれを勝手に取ることができようか。」

あとで成吉思汗はこれを聞いてシキ=クトクを褒め、他の二人を叱った。

さて成吉思汗は耶律楚材の名声を聞いてこれを召見した。楚材の身長は八尺もあり、長い髯《ひげ》と大きな声の持主であった。汗は尋ねた。

「汝の祖先である遼は金のために滅ぼされたではないか。その金を我が討って汝の仇をすすいだのだぞ。」

楚材はこれに答えて言った。

「私の父と私は金に仕えてその臣となりました。金は私の君なのです。どうして君に敵対しましょうか。」

汗は君臣の義を知るこの言葉に感服し、彼を側近において重く用いることにした。汗はいつも彼の名を呼ばず、「ウト=サカル」（長い髭）と言っていた。耶律楚材はこれから太祖成吉思汗から太宗オゴタイ汗の治世にわたって、皇帝の側近にあって重要な役割を果たすことになる。

第四節　モンゴル族の中国統治の始まり

❖金朝衰亡の原因

金はなぜ衰えたのかについて、清《しん》代の趙翼《ちょうよく》はその史論集『廿二史箚記《さつき》』の中で、金はその用兵が初めは強く後は弱かったとして、およそ次のように言っている。

金が初めて起こったとき、天下にこれより強いものはなかった。王者が出る気運が満ちていると人はみな勇猛になるのであろう。完顔氏の父子兄弟は代々戦闘を仕事とし、出兵のたびに自分の体を敵の矢や石にさらし、部隊の先頭に立ったものである。だから少数をもって多数を撃つことができた（完顔阿骨打の兵力はわずか一万であった）。そして十余年のうちに遼を滅ぼし宋を取り、向かうところ敵なしであった。宋側の金軍に対する意見をみるに、宋の酈瓊《りけい》は金の将軍宗弼《そうひつ》（太祖の子）を論じていう。

「南宋の将軍たちは兵を出すのに、自分は数百里も後方にいる。これを持重（軽率でない）という。また部隊を呼び副将を変えるのに、兵隊を使いにやってそらぞらしい文句を並べてこれを訓辞する。これを調発（軍隊の配置がえ）という。しかし金の宗弼元帥はみずから戦いに臨んで督戦し、矢や石が飛んできても金軍を指揮し、意気自若としている。部下がこれを見るとこの人のためなら死のうという気になる。」

また宋の呉璘《ごりん》は金人の用兵について次のようにいう。

「進退自在で、忍耐堅久で、命令は厳しく、一旦命令が下れば死を覚悟する。だから勝てるのだ。また銚風嶺の戦いでは、金兵は重いよろいを着て攻め上ってきた。ひとりが先頭になって登り、ふたりが後から押し上げていた。先頭の者が死ぬと後の者が代わって攻めてきた。」

これらによって金兵がいかに雄悍であったかがわかるだろう。海陵王の正隆年間の南宋征討の際はまだ建国から遠くなく、次の世宗の大定初年にも宋の江淮を攻める力があった。ところが大定五年（一一六五）の和議以来、四、五〇年たって、金の朝廷の武官も文官も戦争を忘れ、金の兵力の中核をなす猛安謀克が中国へ移住して平和になれ、ついで貧困となった。章宗の泰和末年に南宋と交戦して優勢であったが、これは南宋の政権をにぎっていた韓侂胄《かんたくちゅう》がでたらめに金に戦争をしかけたもので、宋が敗れるのが当然で、金が強いといえるものではなかった。

モンゴル兵がひとたび起こるや、金兵は戦うたびに敗れ、北京を去って開封に移り、河北を棄ててかえりみなかった。劉炳《りゅうへい》は次のように言っている。

「長い平和になれて、人は戦争のことを知らない。将軍たちは無能で、難局に対処する策謀もなければ、決死の努力をする節操もない。『持重』に名を借りて自安の計をなしている。勇敢な兵士を守りにつかせ、臆病な兵士を攻めに使っている。味方の陣勢が少しでも動揺すれば、塵を望んでわれ先にと逃げ走る。長年にわたって積もりつもった金軍の弱さがここに現われている。」

たしかに趙翼のいうとおりで、金の太祖となった完顔阿骨打は「万に満つれば敵すべからず」といわれた女真人のやっと万に達した兵力で満州に興起して、長城以南に攻めこんできた。その配下には女真人のほか、契丹人、渤海人がおり、また華北の中国人もその政権の下に入った。「少を以て衆を撃つ」である。女真軍隊の猛安謀克は華北に移り住み、中国的生活を始め、辺境の防備は女真人以外の外人部隊の担任するところとなった。こうして金朝は女真人本来の素朴さと精強さを失い、中国的な文柔と奢靡の生活に傾いていった。王室内部にも骨肉あい食《は》む醜態が発生し、金国統治のたがゆるんでしまった。そこへモンゴリアの統一を終え、組織を整備したばかりのモンゴル族の侵入である。その原因は成吉思汗の祖先であるアンバガイ汗が金国に捕えられて殺された仇を討つことであった。したがって金領内で破壊と殺戮を働くことがモンゴル軍の目的であった。

❖虜掠を禁じて民望を慰む

さていつの時代、どんな場合でも、人間はまず生命の安全を求める。それについでは財産の安全である。財産でも、まずは物質的財産であり、ついで精神的財産である。主義主張のために生命財産をなげうつ人もないではないが、少数である。モンゴル軍の侵入による混乱の中で住民が求めたものは、やはり生命と財産の安全であったろう。そのためには金朝政権はもはやたのむにたらない。地方の豪族を中心として自衛組織を作るか、もしモンゴル軍の下がより安全であるならそこへ逃げこむ。金朝の軍隊があいついでモンゴル軍に投じたのは、そこを安全と考えたからであろう。モンゴル人も人間である。ただ彼らが文献をあまり残さず、彼らについての文献が彼らに痛めつけられた側によって作られ、それを現在の我々が利用する関係で、つねに彼らは悪く描かれる。遊牧民と定着民とどちらが不道徳かはいちがいには言えない、と主張した漢代の中国人中行説と、その言葉を記録に留めた司馬遷を、再びここで評価したいと思う。成吉思汗と耶律楚材の出会いは、まさに赤裸々な人間と人間の触れ合いである。出身や教養の相違を超越して理解し合うところに人間の美しさがある。成吉思汗という人は裸になってつきあえば、とてもものわかりのいい人であったにちがいない。

「少を以て衆を撃つ」のはモンゴル軍も同様である。モンゴル侵入軍自身、さまざまな人種を含んでいる。それに侵入中に降伏した契丹人、中国人も少なくない。もしモンゴル軍の目的が復讐にだけあるなら、殺戮と掠奪で事はすむ。一、二度侵入して荒しまわって、物や人を取って行けばいいはずである。しかしモンゴルとしては単にそれではすまされなくなった。モンゴル自身にそういう意図があったか、または事の成り行きがそうさせたか、とにかくモンゴルとしては侵略から統治へと方針を変えていった。

モンゴル軍が中都を占領したとき、占領軍の中に王檝《おうしゅう》がいた。彼はこう進言した。

「国家が仁義をもって天下を取れば、信を民に失うことはない。虜掠を禁じて民望を慰めるべきである。」

またそののち中国に反乱があり、成吉思汗は王檝と妹婿ブトを遣わして鎮定させた。反乱の軍民一万人を得て、ブトはこれを皆殺しにしようとした。それに反対して王檝は言った。

「羊の群をあちこち追いやるのは牧人であって、羊の知ったことではありません。今度の反乱もその首領を罰すれば十分です。中国人に対しては、その強い者を兵隊に使い、弱い者を農民にすればよいのです。これは天が我々に与えてくれるものです。殺す必要はありません。」

金朝の方でもモンゴルの方向転換に気がついていた。一二二二年に金人がこう言っている。

「黄河以北は長年にわたって戦乱をこうむっている。以前はモンゴル軍は秋にやって来て、春になると北へ帰ったものだ。ところが今はもう真夏なのに帰って行こうとしない。それに人殺しをやめ、農民に自由に耕作をさせているのはどういうわけか。」

❖占領軍と中国人豪族

モンゴルが華北を統治する姿勢になった時期の最高責任者はムカリである。彼はジャライル族の出で、まだ子供のときに弟ブカとともに父に連れられて成吉思汗に仕えるようになった。のちにボオルチュ、ボロウル、チラウン＝バアトルとともに「四頭の駿馬」と呼ばれた。モンゴリア平定ののち、成吉思汗は彼に国王の号を与え、左手の万戸とした。一二一七年八月、汗はムカリに中国統治を委任した。そして自分の旗印を授与し、「朕が親臨するようにこの旗印をもって命令を出せ」と言った。ムカリは華北に入り、中都と西京（中都より先にモンゴルの手に落ちていた）に行省を設置し、自分は都行省の地位についた。行省というものは、元朝に入ると重要な地方行政機関として複雑な機構となるのであるが、この初期のものは軍事と民政の両方をつかさどる簡単なもので、法律で定められた組織などはなかった。がとにかくモンゴルが中国の経営のために官庁を設置したことは注目に価いする。

とはいえ秩序の回復には時間がかかる。金の皇帝は南遷し、モンゴル軍は通り過ぎる。華北の住民の生活を保証する者はいない。しかし軍事費のための金の徴税は厳しい。農民は相ついで土地を捨てて流亡し、盗賊となるものも少なくはなかった。とくにこういう時には官僚や知識人の生活はみじめである。無秩序に陥った華北で人々が頼るものは、自分の家族であり郷村である。その一例として真定の史氏をあげよう。

史氏は黄河以北の地で巨万の富の持主であった。そして代々義俠心で人に知られていた。一二一三年のモンゴル軍の侵入に際して、中路軍のムカリの攻撃にさらされた。史秉直《しへいちょく》は人に相談して言う。

「ただ今は国家は喪乱にあい、我が家の百人の家族はどうして生きていったらいいか。」

モンゴル軍に抵抗せずに投降すれば殺戮を免れることを知って、村中の老幼数千人を率いて涿州においてムカリの軍門に降った。以前に史秉直の祖父史倫《しりん》は大飢饉に際して大量の米を飢民のためにふるまったので、史倫の死後、河朔の諸郡は清楽社《せいらくしゃ》というのを結成し、その会員は一〇〇〇〇人近く、史倫の肖像画をまつって拝んだという。史秉直の子史天倪《してんげい》は社中の勇壮な者一万人を選んで義勇兵とし、清楽軍と名づけ、成吉思汗に奉仕することになり、史天倪は河北西路都元帥に任命された。一二一七年、ムカリが太師・国王・都行省として金国討伐の全権を委任されるや、史天倪は助言した。

「現在、華北は一応は平静となったが、それでもモンゴルの大軍が通ると掠奪が行なわれている。これは王者が民を憐み罪を伐つ志に反するものだ。あなたは天子の命を奉じて天下のために暴を除こうとしている。もしモンゴル軍が暴を行なえば、それは暴をもって暴に報いるものではないか。」

ムカリはこれに従い、掠奪を禁止する布告を出し、違反する者は軍法をもって罰することとした。天倪の死後はその弟天沢《てんたく》が兄の部下を受けつぎ、兄の地位である都元帥を襲った。史天沢は太宗オゴタイ、世祖フビライにも仕えて大功をたてる。

この史氏のほかにもこのような地方豪族が多くいて、治安の維持に当り、またモンゴルに降ってその地位を承認された。彼らは自分の領内において裁判権や徴税権をもち、またその地位の世襲を認められた。彼らはいわば封建領主のような存在であったのである。彼らとモンゴル支配者との関係は、互いにあい依りあい助けるものであった。後者が圧迫し、前者が屈服したというものではなく、双方が自分の存在を安全にさせるための相互依存関係である。成吉思汗やムカリの恣意や思いつきから起こったものではない。中国史の伝統と新興モンゴルの調和である。金朝はすでに自滅の道をたどりつつある。モンゴル族を新しい主権者にいただいて中国史は新しい時期に入る。それは今までとはやや色あいの異なったものとなろうが、中国史であることには変りない。

第六章　西域遠征

第一節　東西文化の交錯

❖トルコ民族の拡大

第一章でユーラシア北方草原の遊牧民のことを述べ、その代表として西方のスキタイと東方の匈奴とをあげておいた。このうちスキタイがイラン人の一派であることは疑いないが、匈奴はどうであろうか。その言語はアルタイ系に属したようである。といっても漢文文献に残っているわずかな語彙にすぎないが、たとえばその主権者の称号「撐犁《タングリ》孤《コ》塗《ト》単于《ゼンウ》」（略して単于）がモンゴル語で「天の子ゼンウ」の意味である。しかしながら一方その容貌について中国文献は「多鬚高鼻」といっており、これはアーリア人の容貌である。また彼らの騎馬技術は西方のスキタイ人の発明によるものであるが、それがスキタイ人と同類のアーリア人によって東方へもたらされたものか、または別系統の民族が採用したものか、現在のところ不明である。考えられることは、西方のイラン人と東方のトルコ人が混血したこと、それもその混血の仕方が場所によって、民族によって相違していたということである。

ともかく匈奴は中国の前漢の武帝との戦争以後、次第にその勢力は弱化し、紀元後、後漢の時代に入って南北に分裂し、南匈奴は後漢に降り、北匈奴も南匈奴その他の民族の攻撃によって崩壊し、史上からその姿を消してしまった。

匈奴族の後をうけてモンゴリアを支配したのは柔然族で、その族長社崙は丘豆伐《クルテブリ》可汗と号し、これが北アジア遊牧民族の主権者の称号「可汗」のおこりとなった。このことは前に第三章第三節で触れた。この柔然族はモンゴル系であったらしい。

この柔然に臣従した部族に高車というのがあった。輪の大きな、したがって高い車に乗っていたところから、中国人の呼んだ名前である。トルコ語で「カンクリ」というのが「車」という意味をもち、のちに成吉思汗時代に現われるカンクリ族の祖先であるのかもしれない。この高車はまた「鉄勒」とも書かれている。この語はまさにトルコ人 Türk の音を表わしたものであろう。後で述べるウイグル族はこの民族の後裔である。

北アジアでトルコ族としてはじめて統一国家を作ったのは突厥《とっくつ》で、この語はトルコ人の複数 Tür-küt を表わしたものとされる。この突厥のあとに草原の支配者となったのがウイグルである。八世紀半ばのことである。それから一〇〇年ほど経てウイグルは西へ移り、いわゆるトルキスタンへ住みついた。それまでそこはアーリア人の住地であったが、それに代ってトルコ系のウイグルが来たのである。それ以来現在に至るまで「トルコ人の地」という意味で「トルキスタン」と呼ばれているのである。

トルコ人の別の一派、かのウグズを祖先とする人たちは西アジアへも入りこみ、ガズニ、セルジューク、ホラズムの諸王朝をあいついで建てた。さらに成吉思汗の西征ののち、他の一派はアジアの西端にオスマン帝国を樹立するに至る。

このように見てくると、内陸アジアの歴史はトルコ人の拡大の歴史だと言ってもよい。彼らの原住地はユーラシア草原の北にある森林地帯であったともいわれる。そして草原にはアーリア人が住んでいた。匈奴族をもしアーリア人としても、それ以後の草原の支配者はトルコ人となったのである。

❖文明民族ウイグル

ウイグル族の根拠地はバイカル湖に注ぐセレンガ川の流域である。同族の初代の可汗《かがん》である懐仁可汗のとき、セレンガ川の支流であるオルコン川上流左岸に可汗の天幕を張り、つぎの葛《かつ》勒《ろく》可汗が宮殿を築き、牟羽《ぼうう》可汗がそれを受けて城郭を設けたと考えられている。このウイグル都城は元代にはすでに廃墟になっていて、カラ-バルガスン（廃城）と呼ばれていた。またイスラム史料ではこれをオルド-バリク（宮殿城）といっている。ウイグル族はトルコ系で遊牧の民であったはずであるが、早くも八世紀中頃に都市を建設したことは注目に価いする。

時の中国の王朝は唐で、皇帝は玄宗、有名な楊貴妃の愛に溺れて政治を怠り、安禄山の乱をひきおこした。唐朝はウイグルに助けを求め、主としてその力によってこの大乱を鎮定することができた。それ以来ウイグルは唐に対して財物や王女を求めたりして長く災厄としてたたることになった。当然、ウイグルと唐との関係は密接となり、中国文明がウイグルに流入することとなった。

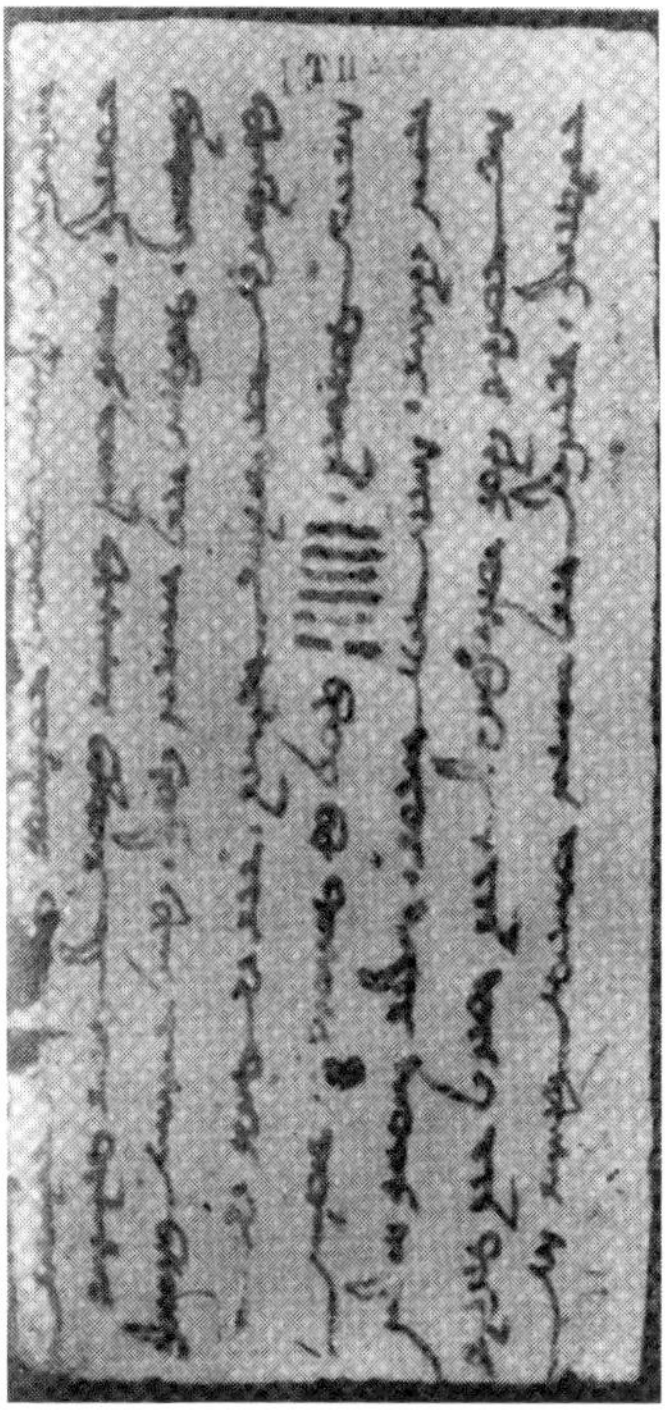
ウイグル文の占い文書

ウイグルはまた西方とも文化的関係をもっていた。そのひとつの現われがマニ教の伝播である。マニ教というのは三世紀にペルシアのマニという人の始めた宗教で、当時のササン朝ペルシアの国教であったゾロアスター教に、キリスト教や仏教の教義を取り入れて合成したものである。この宗教はペルシアで禁止されると、教徒はソグド地方に逃げ出した。そこはサマルカンドを中心とし、イラン系のソグド人が住み、その言語であるソグド語は突厥・ウイグル時代には中央アジアの国際語として重要であった。マニ教をウイグルに伝えたのはこのソグド人である。

一九世紀末にカラーバルガスンの廃墟から碑文が発見された。それはウイグル語とソグド語と漢文と三ヵ国語で書かれており、第八代の保義可汗《ほぎ》（在位八〇八—二一）の功を記したものである。当時のウイグル語は突厥文字で書かれており、塔塔統阿《タタトンガ》がモンゴル人に教えたいわゆるウイグル文字は、まだ彼らの間には使用されていなかった。とにかくウイグル文化における東方の中国と西方のソグドとの強い影響をここに見ることができるし、また碑文の存在そのものが、ウイグルが西遷以前にすでに文字を知っていた、すなわち文明の段階に達していたこと、成吉思汗時代のモンゴル族よりも遙かに進んでいたことを物語るものである。

建国以来一〇〇年ほど経て、ウイグルは内には飢饉と内乱がおこり、外からはキルギス族の攻撃にあい、八四〇年にカラーバルガスンを捨てて四散した。あるものは黄河西方の甘州《かんしゅう》付近におちつき、あるものは天山山脈東部に、さらにあるものは遠くバルハシ湖の南方にまで達した。九八一年、宋の太宗は王延徳《おうえんとく》という者をウイグルへ使者として派遣した。彼は高昌《こうしょう》に達し、ついで北廷（ビシュバリク）でウイグル王室の接待を受けて、三年目の九八四年に故国に帰って来た。その旅行の模様を記録したものが『高昌行紀』である。それによると高昌や北廷で見たウイグル国の様子は次のようである。

高昌は唐代の西州で、この地は雨雪がなくて大変に暑い。盛夏の候には住民は地に穴を掘ってそこに住む。川があってその源は金嶺という北の山に発しており、その川の水を引いて田園を灌漑したり水車を回したりしている。貴人は馬肉を食い、庶民は羊や野鳥を食う。仏教寺院が五十余ヵ所もあり、みな唐朝から頂いた額《がく》を掲げている。寺の中には『大蔵経』『唐韻』『玉篇』『経音』などの書物があった。またマニ教寺院もあり、ペルシア人の僧がいる。国内には貧民はなく、食べ物がない者にはみなが救いの手をのばす。人々の寿命は長く、百歳まで生きる者が多く、若死にする人は少ない。

ちょうど四月（九八二年の）で、ウイグル王「獅子王」（「アルスラン汗」の訳）は北廷に避暑していたので、延徳はそこへ行くことになった。高昌から北へ金嶺を越えたところである。北廷には馬が多く、王をはじめ王族たちはめいめい馬を養っており、平坦な谷間の百余里にわたって放牧している。毛に各々の色をつけて群の区別をしており、その数は算《かぞ》えきれない。

対面のとき王と王子と侍者たちは、みな東を向いて拝して宋からの賜物を受け取った。そばには磬《けい》という石製楽器を叩いて拝礼の調子をとる者がいた。それから音楽を奏し宴席を設け芝居を見て夕方におよんだ。翌日、池に舟を浮かべ、池の周囲から流れてくる鼓楽を楽しんだ。またその次の日は応運泰寧寺という仏寺に遊んだが、それは唐の貞観《じょうがん》一四年（六四〇年）の建造にかかるものである。

王延徳のこの記録に見えるウイグル都市はまるで中国の地方都市のようである。事実、高昌は唐朝の勢力圏に入っていたことがある。

またこの時代のウイグル文書が発見され、研究されているが、それによると借用文書がやたらと多かったようである。それに関係している人たちの民族は、その名前からみてウイグル人、中国人、モンゴル人、インド人、ペルシア人、チベット人などがいたことがわかる。彼らはウイグル語を共通語としていたのであろう。

このウイグル人の文字を学ぶ以前のモンゴル人は、匈奴人と同じく「文書なく、言語《しゃべりことば》を以て約束《とりきめ》を為す」（第一章第二節）という状態であった。このウイグルは成吉思汗に降伏するのであるが、ウイグルはモンゴル人にとって定着的文明社会を理解する師匠の役割を果たしたものと考えることができるであろう。

❖西遼カラ=キタイ

契丹族の遼朝が女真族の攻撃によって滅亡にひんした時、遼朝の王族のひとり耶律大石《やりつたいせき》は、一一二四年、二〇〇人ほどの人数をつれ、北の方、モンゴリアをさして出発した。彼らの意図はモンゴリアの諸民族を結集して女真族に復讐することにあったのである。しかしながら女真族の圧力はモンゴリアにも及び、また大石らはキルギス族の討伐にも失敗し、モンゴリアをあきらめて西に向った。一一三二年、大石はイシク-クル湖に注ぐチュー河畔にあるベラサグンに拠っていたカラ汗朝の王を退け、みずからグル汗と号した。この王朝が中国人のいう西遼、イスラム史家のいうカラ-キタイ（黒契丹）である。大石は契丹文学と中国文学に通じ、騎射をよくし、科挙の試験にも合格した人であった。その宗教は仏教で、それはそのまま西遼にももちこまれた。大石の死後、その妻タブヤンが位を継ぎ、続いでその子イレ、イレの妹プスワン、イレの子チルクがあいついでグル汗の地位についた。

西遼は耶律大石以来、ウイグルにたいする支配権を確立し、またセルジューク朝の大軍を破り、さらにホラズム朝も配下にいれた。こうして西遼はウイグル領からアム川までの地域を領有するようになったのである。カラ汗朝、セルジューク朝、ホラズム朝はいずれもトルコ人の王朝で、イスラム教を奉ずるものであった。こうした地域へ東アジアから中国文化に染まった耶律大石の集団が来て住みついたのである。耶律大石の廟号を徳宗といい、その治世の年号を延慶・康国といい、康国通宝という中国式貨幣をも鋳造した。ただ王家の宗教である仏教はその偶像崇拝のゆえに臣下のイスラム教徒の厳しく排斥するところであった。本拠から何千キロも遠く離れたところに、異質の文化の伝統の上に新しい政権をうちたてたことは、たしかに奇妙に思われる。ここで西遼またはカラ-キタイという国家がどういう国家であったかを考えてみよう。

カラ=キタイの領域がこれだけといっても国境というものはなかった。アジアの国で国境の観念が生まれたのは一九世紀にヨーロッパ勢力の圧迫を受けた時である。主権者は国民のひとりひとりをつかんでいるわけではなかった。国家の権力として裁判権・徴兵権・徴税権などが考えられるが、カラ=キタイのもっていたのは徴税権だけであった。徴税といっても官吏が戸（家）ごとまたは人ごとに徴税するよりも、たとえばホラズム朝の場合などはカラ=キタイの代官に毎年三万ディナールの金貨を支払うというだけであった。ただし一部では人ごとでなく戸ごとに課税するという中国式の課税が行なわれたようである。

また、文化的統一もなかった。王室が仏教徒で、臣下がイスラム教徒であっても、さしつかえなかった。主権者の宗教を強制しても反発をかうだけだったろう。耶律大石たちが来る前のこの地の主権者カラ汗朝の国家の組織も、同様にゆるやかなものであったろう。ある程度の武力さえあればこのようにゆるやかな組織の国家なら容易に樹立することができたのである。

❖カラ=キタイの作用

さて第三章第四節で成吉思汗がナイマン族に勝った際、その族長タヤン汗の子クチュルクはモンゴル兵の手を逃れてわずかの部下をつれて西方へ逃げ去ったことに触れておいた。彼はウイグル族やカルルク族の地を通って、チュー川付近にいるカラ＝キタイのグル汗に面会を求めた。時は一二〇八年で、グル汗はチルクである。チルクは無能でホラズムはすでにカラ＝キタイに離反していた。一二〇九年にウイグルも反旗をひるがえした。耶律大石がウイグルを支配下にいれた時、その都ビシュバリクに代官を派遣していた。

ウイグル王の称号はイディクートといい、バルチュクという者がイディクートであった。一二〇六年に東の方で、成吉思汗が全モンゴリアを平定して国家の組織を整備していた。イディクートはカラ＝キタイの附庸の地位を脱して東方の新興勢力に好《よし》みを通じようと決心したのである。そしてビシュバリクに駐在するカラ＝キタイの代官を殺害した。このことを知った成吉思汗はいち早く修好をすすめる使者をウイグルへ送った。ウイグルでは驚いて使者を遣わし、汗に伝えた文句は『元朝秘史』によれば次のようである。

雲霽《は》れて母なる日を見たるが如く、氷解けて河の水を得たるが如く、成吉思合罕の名と声とを聞きて甚だ歓《よろこ》べり。成吉思合罕恩賜せば、金の帯の締金より大紅衣の帛片より得ば（これらを分与されれば）、爾《なんじ》の第五の子となりて力を与えん。（那珂訳）

これに対して成吉思汗は答えた。

我が娘をやろう。五番目の子となれ。金、銀、真珠、大珠、織物、金糸の織物、緞子《どんす》を持参してイディクートが来い。

イディクートは喜んでこれらの品物をもって成吉思汗にまみえたという。
ナイマンの王子クチュルクはカラ-キタイのグル汗チルクの娘をめとったが、カラ-キタイを奪おうと企て、ナイマン族の残党やカラ-キタイの将軍を糾合して蜂起し、グル汗を襲って捕え、みずからカラ-キタイのゲル汗となった。成吉思汗はこのナイマン王子が王位についたことを見逃がすことなく、重臣ジェベをやってこれを討伐することになる。

第二節　ホラズム王国

❖奴隷のたてた王朝

成吉思汗の西域遠征の第一の目標となったのはホラズム王国である。この王国はトルコ人のたてたもので、その宗教はイスラム教である。したがってこの王国を考えるにはこのふたつの面に注意しなければならない。

ユーラシア草原をトルコ人が東から西へ流れるのが内陸アジア史の重要な特色であることは前節に述べた。西アジアにおいてもトルコ人はアム川を南に渡ってふだんに流れこんでいた。イスラム教が西アジアにひろがると、トルコ人は傭兵として、また奴隷としてこの地に入りこみ、重んぜられて、ついにはみずから政権を奪うに至るのである。一三世紀、インドのデリー

イル汗朝の風俗（現代イランの教科書より）

を中心とした「奴隷王朝」、一三—一六世紀にエジプトを中心とした「マムルーク朝」などがそれである。マムルークとはアラビア語で「所有されたもの」つまり奴隷を意味する。その他のイスラム諸地域でもトルコ人奴隷の活躍が目だつ。

奴隷というもっとも下層の身分のものが王朝をたてるまでに至る理由はこうである。トルコ人たちは野蛮で闘争を事としていた。そして若者を掠奪し合って、これを奴隷商人に売却していた。イスラム諸王朝の王侯貴族は奴隷商人からトルコ人奴隷を購入し、これをイスラム教に入信させ、また教育を施した。あるものは軍人となり、あるものは家庭で奉仕した。奴隷はまったく主人の所有物である。彼がどこで生まれどんなに育ったにせよ、いったん金で買われたからには生かすも殺すも主人の思うままである。家族も財産ももたない。それに出身地から遠く離れている。したがって奴隷はその背後に何の勢力ももっていない。君主は安心して奴隷を使えるわけである。

奴隷のなかでも頭脳明晰、身体強健、容姿端麗なものは重んぜられてしだいに高い位につくようになる。彼らは主人の男色の対象になったことも考えられる。とにかく軍隊をトルコ人奴隷が占めたことは、彼らの地位を向上させ、ついには君主に代わって自分が政権を握るようにさえなったのである。

ホラズムをたてた者はセルジューク朝に仕えたトルコ人奴隷であった。セルジューク朝はまたセルジュークを祖とするトルコ人の集団であった。彼らは武力でペルシアとその西隣の地域を征服し、その君主はカリフから「スルターン」の称号を与えられた。カリフというのはイスラム教をたてたマホメットの後継者の称号である。

セルジューク朝時代のカリフはイラクのバグダードにいた。いわゆるアッバス朝のカリフである。カリフは原理的にはすべてのイスラム教徒の支配者である。単に宗教上の指導者であるばかりでなく、世俗的権限、たとえば政治や軍事の権限の持主でもあった。つまりあらゆる面での支配者であったのである。ところがしだいにその世俗的権限を失って、宗教的権限だけをもつようになった。カリフがセルジューク朝の君主にスルターンの称号を与えたのは、イスラム圏における世俗的支配を一任したことなのである。こうしてカリフは単に宗教的権威だけをもち、実質的な支配者はセルジューク朝となったのである。

❖ホラズム王ムハンマドの野心

ホラズム王国の祖先はセルジューク朝のスルターン＝マレク＝シャーの時代に、その王朝の一高官に買われたヌーシュ＝テギンというトルコ人奴隷である。この奴隷は聡明で有能だったので、奴隷の地位から解放され、地位を上ってスルターンの水盤捧持者となった。水盤は食事のときに手を洗うための容器で、スルターンが食事のときにそばに侍るのが水盤捧持者の職務

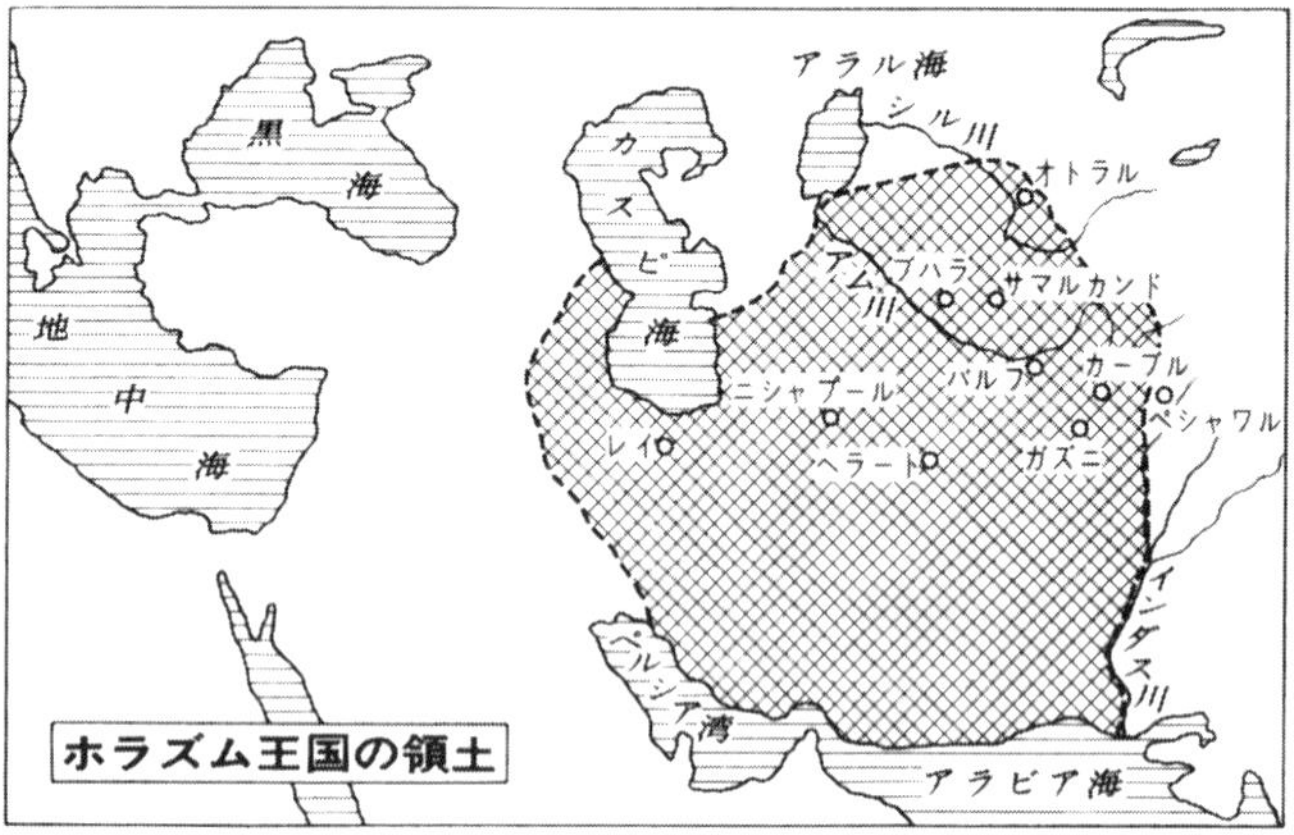

ホラズム王国の領土

である。そしてセルジューク朝ではこの水盤捧持者の費用は、ホラズム地方からの租税収入でまかなわれていたので、ヌーシュ＝テギンは「ホラズム知事」の称号を与えられた。ホラズム地方とはアム川下流域である。

その子クトブディンは父の地位を継ぎ、改めて「ホラズム王《シャー》」の称号を得た。ホラズム王の権勢はそのごしだいに強くなって、クトブディンの子アチズはセルジューク朝に反抗するようになり、アチズの孫テキシュの代になってセルジュークは滅亡し、カリフから認められていた支配権はホラズム王が受け継ぐことになった。テキシュの子がムハンマドで、父の位を継いだのはちょうど一二〇〇年のことである。

ムハンマドはいくつもの問題をかかえていた。そのひとつはカラ‐キタイとの関係である。ホラズムはアチズの時に三万ディナールの歳幣を奉ってカラ‐キタイの侵略を免れ、これに臣従していた。カラ‐キタイ王室の宗教は仏教で、これはイスラム教徒から見れば偶像崇拝であって嫌悪すべきものであった。ホラズム王ムハンマドは異教徒に対する聖戦に勇ましくのりだそうとした。そのころサマルカンドでオスマンという者が小政権を保ち、ホラズムと同じくカラ-キタイの属国となっていた。ムハンマドはカラ-キタイ打倒のためにオスマンに協力を求めた。カラ-キタイの搾取に苦しんでいたオスマンはそれまでカラ-キタイに納めていたのと同額の貢賦をムハンマドに払うことを約束して、協力を承諾した。

ムハンマドはそこで反カラ-キタイの行動に移った。歳幣を受け取りに来たカラ-キタイの官吏を血祭りにあげ、続いてカラ-キタイ領土へみずから軍を率いて攻めこんだ。しかしホラズム軍は敗れ、ムハンマドは部下のひとりとともに捕虜となった。賢明なその部下はムハンマドを自分の奴隷だと称し、自分を釈放してもらうために身代金を出すと言い、その金を取りに帰るために、奴隷、実はムハンマドを本国に帰らせた。こうして命を助かったムハンマドは次はオスマンと連合して再びカラ-キタイに攻め入った。今度は大勝を博し、ムハンマドはイスラム世界の英雄と称賛されるようになった。

しかし事態はそう容易には進まない。ムハンマドは友好の印しとして自分の娘をオスマンに与えた。サマルカンドにはカラ-キタイの代官に代わってホラズムの代官が駐在することになった。オスマンにとってホラズムの代官もカラ-キタイの代官と同様、圧制と感じられた。そこで再びカラ-キタイに投降し、サマルカンドにいたすべてのホラズム人を殺害した。ムハンマドは大いに怒ってサマルカンドを攻撃してこれを占領し、オスマンとその一家を皆殺しにし、その領土を併せ、自分の宮廷をサマルカンドに移した。

❖カリフ=ナシルの陰謀

ムハンマドの時代のカリフはナシルであった。彼はカリフの権限がしだいに狭くなり、その世俗的権限の及ぶのはバグダードとその近辺だけになっていることを慨歎し、機会があればカリフの勢力を拡大しようとしていた。セルジューク朝が衰弱しかかったとき、積極的な性格の持主であるカリフ=ナシルは、あるいはセルジューク領内の分裂を助長したり、あるいはホラズム王テキシュに協力を求めたりして、セルジュークの崩壊を促進した。しかしセルジュークにとって代わったホラズム朝は、カリフにとって味方でなく、セルジュークよりさらにてごわい敵であった。カリフは反ホラズム勢力としてゴール朝に期待をかけた。

ゴール朝は成吉思汗の容貌を描いた「サラージの子ミンハージ」（第三章第一節）の仕えた王朝である。この王朝はムハンマドのときにホラズムの征服を受けた。ムハンマドがゴール朝の都ガズニ（今のアフガニスタン東部）を占領した際、カリフ=ナシルがゴール朝の王にあてた書簡を古文庫から発見した。それにはムハンマドの勢力をそぐためにカリフはゴール朝と同盟し、さらにはカラ=キタイ（仏教国である）と手を結んでもよいとさえ書いてあるのである。この書箇を見てムハンマドの怒りは火と燃え上った。

しかしながらいくら政治的軍事的実力を失ったといっても、カリフは全イスラム教徒の精神的支柱である。それをただ武力だけで倒すことはいくらムハンマドでも気がひけるし、第一そんなことは一般の教徒が許さない。そこでムハンマドは表むきは遠慮がちに次の三ヵ条をカリフに要求した。
一、ホラズムの代官をカリフの住地であるバグダードに駐在させること。
二、教徒の集団礼拝の際の説教の中ではカリフの名が唱えられるのが普通であるが、カリフの代わりにホラズム王ムハンマドの名を唱えること。
三、セルジューク朝と同じくホラズム朝の王にもスルターンの称号を与えること。
しかしカリフはこの要求を拒絶した。

さらに怒ったムハンマドはカリフ＝ナシルを除こうとしたが、そのためにはそのことを宗教的に合法化しなければならない。彼はそこでイスラム法学者たちに次のような問題提起を行なった。

「マホメットの正当な後継者はアリーとその子孫でなければならぬ。正統カリフやウマイヤ朝やアッバス朝は後継者の地位を不当に簒奪したものである。しかもアッバス朝のカリフたちはカリフとしての第一の義務であること、たとえばイスラムの国土を保護したり、不信心者を

敵をねらうイスマイル派の刺客（想像画）

入信させたり、異教徒を征服して貢納を支払わせるといったことを怠っている。このようなカリフが、イスラム教に忠実で、邪悪な敵（カラ-キタイなど）と戦っているひとりの君主（自分のこと）と対立した場合、その君主はカリフを廃することができるのではないか。」

この意見をみると、ムハンマドは本来はスンニ派であるのにあきらかにシーア派の立場にたっている。イスラム教の宗派は大別してふたつあり、それはマホメットの後継者を誰と認めるかにより分かれる。右のムハンマドの立場はシーア派であり、その反対、つまりアッバス朝などを認めるのがスンニ派である。そしてスンニ派が圧倒的に多数を占めている。ところがホラズム王国の重要な部分を占めるペルシアの地にはシーア派の教徒が多い。ムハンマドはペルシアのシーア派教徒を反カリフ運動に利用しようとしたのである。彼が呼んだ法学者もみなシーア派のそれであったろう。彼らの会議の結論は当然ムハンマドの提案を合法的と判決した。

これに対してカリフの側でも負けじと陰謀をめぐらす。そのころのペルシアの支配者はトルコ人軍人で、ホラズムに忠誠を誓っていたのを、カリフは刺客を放ってこれを暗殺させた。この刺客というのがイスマイル派に属するものである。イスマイル派はシーア派の一派であり、若者を雇ってこれを殺し屋に仕立て、自分の敵と思う者をつぎつぎに暗殺していた。異端も異端、人間世界にとっても最高の異端であった。その異端の刺客をイスラム世界の最高の指導者と自任するカリフが利用したのである。さきにはホラズムに対抗するために仏教国カラーキタイと同盟することも考えたこともあり、このマホメットの後継者は相当な策士であった。

とにかくホラズム王ムハンマドは兵を進めてペルシアを手中に収め、バグダードに向って進んだ。このまま事が運んだらアッバス朝は成吉思汗の孫フラグの攻撃（一二五八年）をまたずして、この年（一二一七または一八年）にイスラム教内部の力によって打倒されていたであろう。しかし偶然がこの王朝の寿命を延長した。時は秋のはじめであったが、ホラズム軍はペルシア西部のザグロス山脈を通過するとき激しい雪に見舞われ、多くの人馬が凍死し、そのうえ同山脈に住む勇猛なトルコマン族やクルド族の攻撃を受けて、全滅に近い損失をこうむった。このトルコマン族やクルド族はおそらく反ホラズム・親カリフという主義からではなく、自分たちの領地を見知らぬ軍隊が通過しようとしたことに対する単純な反感から起ち上ったのであろう。しかし彼らの行動が結果としては世界史の動きを変えてしまった。ムハンマドはカリフ打倒の企図を放棄した。東方におけるモンゴル族勃興の情報が彼の耳に入っていたからでもある。

❖ホラズムの軍隊

ホラズム王国の先祖は奴隷であった。自分の同族集団をもたないので、兵隊はどこかから雇わねばならない。この点成吉思汗の同族集団を中核としたモンゴル軍隊とは全く異なるわけで、第四章第三節の最後のところで紹介したペルシア史家による比較がでてくるわけである。簡単にいうと、モンゴル軍は信で結ばれ、ホラズム軍は銭でつながっていた。

ホラズム王ムハンマドの軍隊はトルコマン人とカンクリ人とから成っていた。カンクリは第二章第二節で述べたように、ウグズのトルコ統一に協力した集団のひとつに数えられている部族で、アラル海の北方を住地としていた。トルコマンとは、これも同じところで説明したが、ペルシア人と通婚したトルコ人で、トルコ人とは体質や風習において若干の相違があり、「トルコ人的なもの」という意味でトルコマンと呼ばれていた。

ホラズム王テキシュの妻、つまりムハンマドの母はテルケン＝カトン（カトンは汗《カン》の女性形）といい、カンクリ族の出である。そのため多くのカンクリ人がホラズムに来て軍人として仕えるようになった。彼らはまだイスラム教に入信しておらず、草原を馳駆していた当時の野蛮さをそのまま保っており、ホラズムの一般住民にとって恐怖の的となっていた。残忍な敵はホラズム国内にすでに存在していたのである。なおテルケン＝カトンはムハンマドと対立する権力をふるった女傑であり、この母子の抗争はホラズム王国の大きな弱点であった。

第三節　「世界征服者」成吉思汗

❖日出ずる処の王と日没する処の王

ホラズムとモンゴルの接触は一二一五年に始まる。それはモンゴル軍が金朝の中都（北京）を占領した直後のことである。ホラズム王ムハンマドはモンゴルの名声を聞いてその実態を確認するために使節団を派遣した。彼らが華北平原を進んで行くと、遥か遠くに白い高い丘が目に入った。最初はそれは雪におおわれた山ではないかと思ったが、土地の人に聞いてみると、それは殺された人の骨の山であるということだった。もう少し進むと地面が死体の脂肪で黒くぬるぬるしてきた。この気味の悪いところを三日行程も進んでやっと干いた地面に達した。中都に達してみると、城壁の下に人骨の山があった。話によると城の陥ちるに際して六万人の娘がモンゴル人の手に落ちることをいさぎよしとせず、城壁の上から身を投じて死んだその骨だということであった。

金国皇帝の息子とその宰相が鎖でつながれて使節団の前へ見せしめのために連れ出されたと、使節団はいうが、中国文献によれば、宣宗が都を開封へ移して以後、皇太子はしばらく中都に留まったが、陥落の時には開封へ去ってしまっている。また、丞相の完顔承暉は服毒自殺したことになっている。史料による主観のずれの一例である。

ホラズム使節団を引見した成吉思汗はこう言った。「ホラズム王ムハンマドに伝えよ『我は日出《い》ずる処の王であり、汝は日没する処の王である。我々の間には固き友情と平和が存在し、双方の間を隊商が自由に往来すべきである』と。」

そして成吉思汗が贈り物としてくれた金《きん》の塊りはあまりに大きくて、車で運ばねばならなかったといわれる。汗は帰国するホラズムの使節団にモンゴル側から一団の商人を同行させた。彼らは金、銀、絹、毛皮を五〇〇頭のらくだに載せて出発した。

以上は第三章第一節に出てきた「サラージの子ミンハージ」の著わしたペルシア語文献『タバカーティーナーシリー』だけに見える記事である。

またあるアラビア語文献によると、まず使いを出したのはモンゴルの方だという。これによるとモンゴルの使節団は一二一八年に贈り物をもってホラズム王ムハンマドに面会した。その場所はおそらくブハラであったろう。成吉思汗は西方におけるムハンマドの勢力を耳にしており、これと自由な通商関係をもつことを望んだ。汗がムハンマドに与えた手紙でこの希望を述べた中に、ムハンマドのことを「我が子らのうちの最愛の者」と言ってあった。このことがムハンマドの自尊心を傷つけた。彼はモンゴル使節団のひとりであるホラズム出身のマフムードという者をひそかに呼んだ。モンゴル使節団といってもそのほとんどが西方のイスラム教徒であったようである。彼らは東西の貿易に経験があり、また成吉思汗の信任を得ていたので、この重責を託されたのであろう。ムハンマドは尋ねた。

「成吉思汗が華北に攻め入って金の都を陥れたのは本当か。」

マフムードは然りと答えた。

ムハンマドはつづいて言った。

「彼は不信心者であり、我は大国の君主である。彼が我を『我が子』即《すなわ》ち家臣と呼ぶ資格はない。」

マフムードはムハンマドの怒りを恐れて言った。

「モンゴルの軍隊はホラズムの軍隊にはとても及びません。」

ムハンマドは気持がおさまって協定を結ぶことにしたという。

❖オトラル事件

このように文献によって内容が相違するので、モンゴルとホラズムの交渉が、どちら側によって始められたかはわからない。しかしながら一致していることは、モンゴル使節団がオトラルで虐殺されたことである。一二一八年、四五〇人から成るモンゴル使節団が、ホラズム領の東端、シル川に臨む町オトラルに到着した。四五〇人という数はあるペルシア語文献に見えるもので、『タバカーティーナーシリー』にある「らくだ五〇〇頭」という数と合う。この町の知事はイナルチュクといい、テルケン＝カトンの身内の者であった。彼はモンゴルからもたらされた財物に目がくらみ、使節団を逮捕して、このことをムハンマドに報告した。そして「この使節団はモンゴルのスパイである」とつけ加えた。

ムハンマドはそのとき、カリフを攻めるためにペルシアに行っていたが、イナルチュクの言を信じて、使節団を殺害するよう命令した。ある文献では殺害はイナルチュクの判断で行なったという。後者の場合を認めるとしても、ムハンマドが殺害を黙認し、奪った品物をイナルチュクと分け取りしたことは確かである。この惨劇の知らせは、かろうじて死を免れたひとりによって成吉思汗にもたらされた。

成吉思汗は激怒したが、その怒りを抑えて、一度だけ外交交渉を試みることにした。三人の使者が送られ、イナルチュク知事の行為に抗議し、彼をモンゴル側へ引き渡すことを要求した。ムハンマドはこの要求を拒絶し、不当にもこの三人の使者を死刑に処した。イナルチュクはムハンマドにとってこわい母親であるテルケン＝カトンの親戚であるから、彼を引き渡すことはムハンマドにとっては、とうていできないことであったろうが、使者を殺すことは古今東西を通じて国際法違反である。ムハンマドとイナルチュクの軽率な判断がモンゴルの西征という世界史上の大事件・大悲劇をひきおこすことになったのである。

ホラズムに復讐するさきに、成吉思汗にとって片付けねばならぬことがふたつあった。ひとつはナイマンの王子でカラ＝キタイの政権を奪っていたクチュルクである。これは成吉思汗麾下の名将で「四頭の駿馬」のひとりジェベを遣わし、カシュガルからパミールを越えてバダクシャンまで追いかけ、土民の協力を得て捕えて殺した。もうひとつ、メルキト族の残党は、成吉思汗の長男ジュチと、やはり「四頭の駿馬」のひとりスブタイが、アラル海東北のキプチャク族の住地まで追いかけて全滅させた。

メルキト族が西進してきたことを知ってホラズム王ムハンマドはこれを討伐に出かけた。そしてメルキトを追ってモンゴル軍が来ていることがわかると、ムハンマドは「一石二鳥」（ジュワイニーの言）とばかり、この両方を撃破するつもりで兵力を増加してかけつけた。モンゴルとメルキトの戦場に到着してみると、死体が累々と横たわり、戦闘は終った後であった。

ムハンマドはメルキトの負傷兵の口からモンゴルの勝利を聞き、引き揚げつつあるモンゴル軍を追いかけた。モンゴル軍にとって敵はメルキトであって、その他のものとの無用な衝突を避けようとした。しかしながらムハンマドは執拗に戦いをいどみ、かえって大敗して戻って来た。これがモンゴルとホラズムの最初の交戦で、ムハンマドはこれによってモンゴルの戦闘力に恐れをなし、それ以後は平野での戦いを避けることになる。

❖虐殺の仇を討つ

成吉思汗は一二一八年のクリルタイでホラズム王国との戦争を決定し、軍隊を整備し、モンゴリア本土を末弟テムゲ＝オトチギンに委任し、同年末、西征に進発した。途中でカルルク族の軍隊を合流せしめ、またウイグルのイディクートであるバルチュクの率いる部隊の参加を得た。モンゴル側の兵力は一五万ないし二〇万、対するホラズムの兵力は約四〇万であった。

一二一九年の夏の終り頃、モンゴル軍は国境の町オトラルに近づいた。ここで成吉思汗は兵力を分け、オトラル攻撃はチャガタイとオゴタイに命じ、ジュチはシル川を下って進ませ、汗自身は主力を率いてブハラに向った。

モンゴル軍はオトラルの城を囲んだ。それを守る兵力はイナルチュクの率いる五万と、ホラズム王から援軍として授けられたカラチャを長とする一万であった。オトラルは五ヵ月もちこたえたのち、軍隊も住民も士気衰えた。カラチャはイナルチュクに降伏を相談した。しかしイナルチュクは自分こそがこの戦争発生の原因を作った張本人であって、モンゴル側は決して自分を助命しないことを知っていたので、徹底抗戦を主張した。彼はこれがホラズム王に対する忠義であり、イスラム教徒に対する義務でもあると考えていたのである。カラチャは夜になって部下とともに城門を開いて逃げ出した。彼らはモンゴル軍に捕えられると、城の守りを尋ねられたのち、主君を捨てた不忠者として殺されてしまった。

イナルチュクは残りの兵二万を率いて奮戦し、モンゴル軍に多くの損害を与えた。戦いはさらに一ヵ月続き、イナルチュクとふたりの部下だけが残った。攻撃軍は彼を生け捕りにするよう命ぜられていた。ついに捕えられたイナルチュクはサマルカンド郊外にいた成吉思汗の前に引き出された。汗は銀を溶かしてイナルチュクの両目と両耳に流しこむように命じ、ここで殺された使節団の復讐を遂げたのである。

❖ホラズム将軍の奮戦

モンゴルの一部隊はホゼンドに向かった。シル川に臨み、オトラルより上流である。この町を守るホラズムの知事はチムール゠マレクといい、有能で知られた名将である。彼は町を去ってシル川の川中島に堅固な城を築き、一〇〇〇人の兵士とともにたてこもった。攻めるモンゴル兵は五〇〇〇、この島は岸から遠く、弓矢も投石機も届かなかった。そこで住民五万を徴発し、モンゴル兵二万の援兵も集結した。住民はモンゴル的兵制に従って一〇人と一〇〇人の単位に編成され、これをモンゴル兵が指揮した。モンゴル軍はシル川をせきとめようとし、住民をして山から石を運んで来させた。

チムール＝マレクは一二隻の舟を作った。屋根をフェルトでおおい、酢《す》でねった粘土をそれに塗って固めた。この屋根で敵の放つ矢や石や火を防ぐのである。毎日このうちの六隻が出動して両岸に接近し、敵に矢を放ち、しばしば損害を与えた。

しかしながら、武器や食料の欠乏でホラズム軍は不利となってきた。そこで脱出のためにあらかじめ用意してあった七〇隻の小舟に人員と物資をのせて、日が沈むとシル川を下り始めた。各舟はたいまつをともして明りとし、それが稲妻のような速さで進んでいった。モンゴル軍は川岸を走りながらこれを追った。バナカトという町でモンゴル側は川に鎖を張って舟を止めようとしたが、ホラズム側はその鎖を断ち切って舟を進め、ジャンドの町に近づいた。そこにはジュチが大軍を率いて待ちかまえていたので、チムール＝マレクはその手前で舟を捨てて上陸した。

モンゴル兵と戦うこと数日、部下はしだいに減り、モンゴル兵は逆にふえてきた。最後にチムール＝マレクに残されたのは数人の部下と三本の矢だけとなった。しかも矢の一本は折れており、一本は矢じりがなかった。三人のモンゴル兵が追いかけてきたので、彼はそのひとりをねらって矢じりのない矢を放つと、目に当った。彼は他のふたりに言った。

「もう二本残っているぞ。この二本でおまえたちふたりには十分だ。」

モンゴル兵は逃げ去った。チムール＝マレクはその後も勇敢にモンゴル軍と戦ったが、最後は修行僧に身をやつして姿を消した。彼は敗軍の中に光る英雄であるが、わずかひとりの功績にすぎない。それではよく組織訓練されて、しかも個人的英雄をもたないモンゴル軍隊に対抗することはできない。

10世紀、ブハラにあるサーマン朝の王イスマイルの墓廟。モンゴル軍の侵入にも破壊されず現在にいたっている

❖ブハラとサマルカンドの戦火

ブハラはアム川の北、つまりトルキスタンにある。トルキスタンはもともと文明のない野蛮の地とされていたけれども、ブハラの町はペルシア的・イスラム的文化の重要な中心として学問・芸術・宗教が栄え、イスラム圏の中ではバグダードと肩を並べる町であった。

成吉思汗は末子ツルイを伴い、軍隊を率いてブハラに向かい、一二二〇年二月にその城外に達した。そして次から次へと押し寄せる大波のように幾重にも町をとり囲んだ。城内にいた二万のホラズム軍は城から討って出たが、ことごとく戦死した。一般住民は城門を開いて降伏した。成吉思汗は町の中に入り、馬に乗ったままモスク（イスラム教寺院）の中へ入って行った。汗はそこにいた住民に問うた。

「ここは国王の宮殿であるか。」

住民は答えた
「いいえ神の家でございます。」

汗は命じた
「田畑を掠奪してしまって馬の草がない。我々の軍馬に飼料を与えよ。」

モンゴル兵士たちは、町中のあらゆる倉庫をあさって穀物を運び出して来た。それからコーラン（イスラム教の聖典）の入っている箱をモスクの中庭に運び出し、コーランを投げ捨て、その箱をかいば桶とした。それから葡萄《ぶどう》酒を飲み、町の踊り子を呼んで歌い踊らせた。この宴会のあいだ中、ブハラの貴人たちは、モンゴルの馬の番を勤めさせられていた。

宴会がすんで、成吉思汗はじめ兵士たちは宿営へ帰っていった。中庭に投げ捨てられたコーランは、馬蹄にふみにじられて泥にまみれた。ひとりの聖者がペルシア詩人の詩を口ずさんだ。

あわれ主よわがいまここに見ることは
げにうつつかやはたまた夢か。

もうひとりの聖者が答えた。

「静かにしろ、これは全能の神の吹く風だ。
我々はとやかく言えないのだ。」

ひとりの男が落城のブハラから逃げてホラサンへ走った。そしてかの町の有様を次のように伝えた。

「彼ら（モンゴル兵）は来た《アーマダンド》、壊した《カンダンド》、焼いた《スーフタンド》、殺した《コシュタンド》、奪った《ボルダンド》、去った《ラフタンド》。」

ブハラの運命がこの一文に要約されている。

成吉思汗はたちのぼるブハラの戦火を後にして、そこから五日行程のところにあるサマルカンドへ進軍した。ブハラの住民が徴発されて労役に使用された。まず二日間にわたって城の守備態勢を偵察してから攻撃にとりかかった。ホラズム軍は象をもっていて、それがモンゴルの馬を圧倒していたが、その象もしだいに消耗し、住民は城門を開いて降伏した。モンゴル兵は町中を捜索して、掠奪と殺戮《さつりく》をほしいままにした。戦禍を免れた住民のうち、三万が技術者としてモンゴル王族に分配された。

ブハラの町は当時も今も同じ位置と同じ規模であるが、サマルカンドはこの戦火ののち放棄され、新しい町がその南方に建設され、チムール帝国の都として栄えることになる。

❖ホラズム王の逃走

サマルカンド攻略中に成吉思汗はジェベとスブタイに対し、ホラズム王ムハンマドを追跡するよう命じた。ムハンマドは最初のモンゴル軍との衝突以来、モンゴルに対する恐怖心にとりつかれていた。モンゴルの侵入を聞いて戦略を討議した際、その子ジャラールウディンは兵力を国境に集中してモンゴル軍に当るべきことを主張したが、多数の者はトルキスタンを捨ててアム川以南に退くことをよしとした。そのうちのあるものはホラサンに退いてアム川を防御線とすることを主張し、他のものはアフガニスタンのガズニ地方に拠ること、もし必要ならインドまで退くことを主張した。

ムハンマドは退却派の後者の意見に賛成し、ガズニに向かうことにした。アム川を南に渡ってバルクまで来たところで、ペルシア総督をしている息子ルクンウディンの使いに会った。ペルシアへ来るようにという息子のすすめに従って、ムハンマドは予定を変更して、西の方ペルシアをさして出かけた。一二二〇年四月一八日に彼はニシャプール（今のイラン東北部の町）に入った。ブハラ、サマルカンドの陥落の知らせはすでに達していた。精神錯乱の状態で彼はこの町の住民に、モンゴル軍に抵抗するよりは町を出て地方に散らばるように命じた。しかし住民が自分の家を離れたがらぬのを見ると、今度は城の守りを固めるよう命じた。モンゴル軍は容易にアム川を渡れないだろうとムハンマドは思うと、少し気が安まった。

しかしながら神は彼に平安の時を与えなかった。

ニシャプールにしばらく滞在するつもりでおり、同行していた息子ジャラールウディンをヘラトまで帰らせた。ジャラールウディンがニシャプールを出発して一日行程だけ行ったところで、ジェベとスブタイがはやアム川を渡って迫ってきていることを知った。彼は急いでニシャプールへ引き返し、ムハンマドとともにニシャプールを去った。それが五月一五日で、その翌日にはモンゴル軍の前衛はニシャプールの城外に達していた。前衛はただちに追いかけたが、ムハンマドはすでに行方をくらましていた。彼はモンゴル軍の手を巧みにのがれてペルシア各地を転々と移った。モンゴル軍はペルシア各地を劫掠してまわった。セルジューク朝の都であったレイの町も破壊され、この町の繁栄はのちにその北郊のテヘランにとって代わられることになる。

ムハンマドが最後に求めた避難地はマザンデラン地方、つまりカスピ海沿岸であった。それもカスピ海中の一小島に退いた。そこで肺炎をわずらい、枕もとに子供たちを呼び、ジャラールウディンを後継者に指名して、息をひきとった。死の日は一二二〇年一二月、またはその翌年一月である。

ホラズム王ムハンマドについての評価は概して厳しい。モンゴルの侵入とイスラム世界の荒廃を招いた責任者として、その罪は激しく非難されている。モンゴルに対する防戦においても、まったく無能であった。しかしながらだれがホラズム王国の君主であっても、当時の世界最強のモンゴル軍隊の前には無力であったろう。ムハンマドは学者や聖職者との交際を好み、教養高く、とくに法律学に通じていたといわれる。脆弱《ぜいじゃく》な大国を率いて勝ち目のない戦争をあえてすることは彼の本性ではなく、むしろそれはジャラールウディンにふさわしい役割であった。

ムハンマドと並ぶ権勢の持主であったテルケン＝カトンはどうなったか。ムハンマドがアム川を渡って退却する際、ホラズム本土にいた母テルケン＝カトンを呼んで、いっしょにペルシアへ避難しようとした。モンゴル側は彼女とその子との間の不和を利用しようとし、彼女を優遇する申し入れをしたが、彼女はそれに返答を与えなかった。彼女はムハンマドの妻たちを伴い、ペルシアに入り、マザンデランの山寨にこもった。

この地方は第一章第一節で見たように、西アジアで例外的な湿潤地帯であるが、彼女が城に入ってから不運にも日でりが続き、飲料水の欠乏のためモンゴル軍に降伏せざるをえなくなった。が、降伏した直後に空が雲におおわれて雨が降り出してきた。テルケン＝カトンは捕えられ、成吉思汗が帰国する際に伴われてモンゴリアに行き、一二三三年にカラコルムで病死した。汗は彼女を妻とはしなかったであろうが、敵方で勢力をもつ女を奪って自分の国へ連れてくる

モンゴル兵に連行されるテルケン=カトン
（パリの国立図書館蔵『世界征服者の歴史』より）

ことは、彼の征服欲を満足させたにちがいない。

❖ホラズムの英雄ジャラールウディン

敗戦一方のホラズム軍にあって、もっとも有名な大将は新しくホラズム王となったジャラールウディンである。その活躍ぶりは伝説のように西アジアに伝えられ、非運の大国の国民にとってわずかな慰めとなった。

成吉思汗の率いるモンゴル本隊はテルメズからアム川を南に渡り、バルクを占領した。一方、ジャラールウディンはペルシアからガズニに来ていた。五万の兵力をもってその地に駐屯していたアミン=マレクが彼を歓迎してその命を奉じた。またサイフディン=イグラクも四万の部隊をもって指揮下に入った。ジャラールウディンは大軍を擁して意気揚々たるものがあった。彼はガズニを出発して、西方のヒンズークシ山中に入った。そこでモンゴルの小部隊と交戦し、一〇〇〇人を倒してこれを退けた。

そこで成吉思汗はシキ=クトクに三万の兵を授けて遣わした。シキ

手前の小丘はアフガニスタンのバーミアン渓谷にあるなまなましい廃墟。
モンゴル軍が破壊殺戮した町の跡と伝えられる。

＝クトクはホエルンの養子で、文書をつかさどる大断事官であり、金の中都の宝庫の調査に赴いたことがある。

モンゴルとホラズムの軍はパルワンというところで会戦した。ホラズムはアミン＝マレクの五万を右翼に、イグラクの四万を左翼に、ジャラールウディンが中央の本陣に位置した。山中の谷間で騎馬戦に適さないので、全員下馬した。モンゴル軍も一万ずつ左・中・右翼に配陣した。アミン＝マレクの右翼軍は優勢な兵力をもってモンゴルの一万の相手を大いに撃破した。しかしモンゴルも闘志を失わず、互いに敵に背を見せることなく激しい格闘が続いた。

夜に入って両軍は宿営地に戻った。モンゴル軍は伴っている予備の馬に人形を乗せて兵隊と見せかけた。ホラズムは敵に援軍が来たと思い、戦うか退くか相談したが、ジャラールウディンはあくまで戦う決心を固めた。モンゴルは今度はイグラクの左翼を攻めたが撃退された。ホラズムは太鼓を打ち鳴らし、全員乗馬して一斉に攻勢にうつり、モンゴル軍をさんざんに打ち破った。

このパルワンの戦いはモンゴルに対するホラズムの唯一の勝利であっ

インダス川を渡るジャラールウディン（想像画）

た。ジャラールウディンの人気の原因のひとつはここにある。そのあと不幸にしてアミン＝マレクとイグラクが対立し、イグラクは部下とともにジャラールウディンのもとを去っていった。

ジャラールウディンはガズニからインドに行こうとした。成吉思汗はこれを追撃した。ホラズム軍はインダス川に達し、舟で川を渡ろうとした。モンゴル軍は急追してホラズム軍に迫った。ホラズム軍は川を背にして戦った。ジャラールウディンは残った七〇〇〇の兵をもって敵の攻撃にたえたが、モンゴル兵はしだいに前進し、彼は川に追いつめられた。ジャラールウディンは馬を駆って敵陣にきりこみ敵をひるませておいて、そのすきに七、八メートルの崖の上から乗馬のままインダス川に飛びこみ、荒れ狂う獅子のように大河を泳ぎ渡って向う岸へたどりついた。

成吉思汗は岸辺に立って、泳ぎ去るジャラールウディンを見やった。モンゴル兵は矢を射かけようとしたが、汗はこれを制した。しかしジャラールウディンの後に続いたホラズム兵に対しては盛んに矢を放ったので、矢の届く限りの水面は真赤に染まったといわれる。汗とモンゴル兵は川にとびこむジャラールウディンを驚嘆の目で眺めていたが、汗は子供たちをふりかえって言った。

「父たる者はあのような子をもちたいものだ。」

この戦闘はモンゴルの西征でもっとも劇的な場面であり、その日時は一二二一年の八月または九月、場所はペシャワールの東南方、インダス川本流に鉄橋がかかっているアトック付近であろうといわれる。ジャラールウディンはモンゴル軍を相手に奮戦し、西アジアの全住民の期待を一身に集めた英雄で、彼の伝記は広く西アジアで愛読されている。

❖成吉思汗のモンゴル本土帰還

成吉思汗は一部の兵を遣わしてジャラールウディンを追撃させたが、彼らはインドの酷暑を懸念して深追いすることなく、アフガニスタンを経てモンゴリアへ帰還する汗の本隊に合流した。成吉思汗が帰還を決意した理由として、ラシードは東方における西夏の反乱をあげている。モンゴル軍隊はバルクの町を破壊し、アム川を北へ渡り、一二二四年の夏から冬にかけてを途中で過ごし、一二二五年二月、モンゴリアの本営に帰りついた。

汗の孫たち、つまりツルイの子フビライとフラグ兄弟が途中まで出迎えた。兄は一一歳、弟は九歳であった。ふたりははじめての狩猟をし、兄は兎を、弟は鹿を捕えた。モンゴル族の習慣にしたがって、初めての猟に出たこの少年たちの中指を肉と脂でこすってやった。のちにフビライは中国に元朝を、フラグはペルシアにイル汗朝を、それぞれ創立し、伝統の古い定着文明の支配者として君臨するが、彼らの少年時代のほほえましい一場面がここに見られる。

ジェベ、スブタイの両将軍は別動隊を率いてペルシアを荒廃させ、コーカサスを経て東ヨーロッパに攻めこんだ。モンゴル兵は身体は貧弱で容貌は醜悪、その馬も小型であるが、いざ戦闘となると恐るべき敵であった。彼らは統一のとれていないロシア諸侯連合軍を大破し、各地を荒らしまわった末、成吉思汗の本隊と合流して本土に帰還した。

世祖フビライ
（中国歴代帝后像より）

これはモンゴル人とヨーロッパ人の最初の接触で、とくにヨーロッパ人にとって衝撃は大きかった。一三世紀ヨーロッパの年代記はモンゴル人のことを「大魔王の恐ろしい民」「人間でなくて妖怪である」「法律や掟《おきて》をもたない」「ライオンや熊のように凶暴である」「ギリシア神話にでてくる地獄の民」などと表現している。モンゴル人がいかにヨーロッパ人にとって恐れられていたかを示すとともに、ヨーロッパ人がモンゴル人に

フラグ（大英博物館蔵）

ついて、まったく無知であったことも物語っている。アジア人に対する蔑視・敵視の観念はこのころからヨーロッパ人の心に深く根ざしたのである。

　西征に参加した成吉思汗の子供たちのうちチャガタイ、オゴタイ、ツルイは汗といっしょに帰国したが、長男ジュチだけは彼らに合流しなかった。さきにジュチは「メルキト族の血をひく者」とチャガタイに言われ、その怨みをもっていたのかもしれない。帰国した汗はジュチの不服従を責めて討伐に出かけようとしているところへ、ジュチの病死の知らせが来た。汗は深くこれを歎き悲しんだ。

　なお中国文献によれば、成吉思汗が兵を返したのは耶律楚材の進言によるという。話はこうである。帝（成吉思汗）が東印度《インド》の鉄門関というところに軍を留めていたとき、一角獣が現われた。形は鹿に似て、馬の尻尾をもち、色は緑で、人間の言葉を解する。それが帝の侍衛のものに言うには「おまえの主人は早く還った方がいいぞ」と。そこで帝はこのことを耶律楚材に問うた。楚材は答えた。
「これはめでたい獣で、名を角端《かくたん》といいます。諸国の言語を解し、生を好み、殺を憎みます。これは天が符《しるし》を降して陛下に知らせたのです。陛下は天の長子であり、天下の人はみな陛下の子であります。どうか天の心を受けて民の命を保って下さい。」

そこで帝は即日、軍を返したという。しかしこの話は事実ではなかろう。現実主義者である成吉思汗が、このような進言で軍を返すはずがない。耶律楚材がいかに成吉思汗の厚い信任を得ていたかを言うために作った話であろう。楚材が西征に随行したこと、そして河中府と中国人が呼んでいたサマルカンドに、長いあいだ滞在したことは確かである。しかし汗とともにしたその行動の具体的なことは何もわかっていない。ときどき汗のために占いをして、それが当ったということが記録されているだけである。

13世紀のヨーロッパ人の想像したモンゴル人

ジュワイニーが書いた『世界征服者の歴史』の主人公は、いうまでもなく成吉思汗である。

終章　成吉思汗──その人と国家

❖最後の出征

あしかけ七年にわたる長い西方遠征から本土に帰還した成吉思汗はもう六〇歳をすぎていた。彼は落ちつく暇もなく、兵を西夏に進めることになった。西夏は黄河が大きく湾曲している部分、いわゆるオルドスと、その西、いわゆる河西の地に拠っていて、その領土は中国から西域に通ずる廊下であり、したがって東西貿易を支配する位置にあった。軍隊がとくに強いわけでもなく、特別に経済が豊かでもないこの国が存在できたのは、中国（宋）の北方に遼、ついで金が興り、この西夏と三者鼎立の形成を作り、そのうちでもっとも弱い西夏が他の二者との関係をうまく操縦したからにほかならない。

成吉思汗の第一次西夏攻撃が一二〇九年から翌年にかけて行なわれ、国王李安全が降伏し、娘を汗に捧げたことは、第五章第二節で述べた。その際に国王が汗に言った言葉は『元朝秘史』によれば次のようである。

「私どもは成吉思汗の名を聞いて畏れていました。いま皇帝みずからお出ましになり、私どもはその御威光に服します。タングートの民は皇帝の右手となって働きます。ただ私どもは力ぞえをしようにも、固定した家屋と城市をもっている（定着民である）ものですから、速い出征や鋭い戦闘にはついていけません。もし成吉思汗がお許し下さいますなら、多数のらくだを献上いたします。最上の毛織物も献上いたします。狩猟用の鷹も献上いたします。」

西夏の周辺

成吉思汗はそのとおり西夏の降伏を認めたのである。そののち西征に出馬するにあたって、西夏に使者をやってこう伝えさせた。

「おまえはさきに皇帝の右手になりましょうと言った。ホラズムのためにわが家来が殺され、その復讐のために出征するのだ。さあおまえは右手となって出征せよ。」

西夏国王李《り》遵頊《じゅんぎょく》が口を開く先に、その臣下アシャ＝ガンボはこう言った。

「力もないくせに汗になって何になる。」

西夏は西征への協力を拒否してこのように大言壮語したのである。成吉思汗にとってアシャ=ガンボをこらしめるために西夏を討つことは容易であったが、西征という大事を前にしていることとて忍んだのである。

西征から帰るとさっそく成吉思汗は西夏を責める使者を送った。国王（李晛《りけん》となっていた）は「わしは汗を非難したおぼえはない」と逃げたが、アシャ=ガンボは

「悪口を言ったのはわしだ、モンゴルが戦う気なら戦おう。」

と申し出た。

成吉思汗はそれよりさき、狩猟に出ていて野生馬の突進にあい、落馬して負傷し、まだ熱があったが、その熱も忘れて立ち上り、タングートを攻め、アシャ=ガンボを捕えた。

❖成吉思汗の死

西夏攻撃中に、この世界征服者も病を得てこの世を去ることになる。彼がどこで死んだのか、についてはいくつかの説がある。『元朝秘史』にはそれの記載はない。『元史』太祖本紀を見よう。第三章第一節で彼の生年没年を述べた際は省略して引用したが、ここで必要な箇所をもういちど引用する。

二十二年丁亥……五月……閏月避暑六盤山。六月……帝次清水県西江。秋七月壬午不豫。

己丑崩於薩里川哈老徒之行宮。……葬起輦谷。

「六盤山」は今の甘粛省東南部にある山、「清水県」はその南方にある。「薩里川」は第三章第三節に出てきた「サアリ‐ケエル」（馬泥棒事件があった）で、その意味は「黄色い原」、モンゴリアのケルレン川上流にある。その「哈老徒《カラト》」に湖があり、その付近に「行宮」つまり汗の天幕を張っていたのであろう。「起輦」はケルレン川である。

この『元史』の記事は次のように解釈されている。すなわち『元史』は汗がここで崩じた（死んだ）とするがそれは誤りである。なぜなら七月壬午（五日）に病気になって己丑（一二日）にモンゴリアのケルレン川のほとりまで帰ってから死んだのはおかしい。薩里川哈老徒まで遺体が運ばれてそこで葬式が営まれた。そして成吉思汗終焉の地は清水県西江のほとりにほかならないと。

またこれと少し違った説も有力である。すなわち汗が清水県で死んだことは認めるが、薩里川・哈老徒をモンゴリアの地名とせず、汗の死んだ地をモンゴル語でこう名づけたのであろうというの　である。モンゴル人は黄色を尊び、汗の天幕のあるところはみな「黄色い原《サアリ・ケエル》」であるというのがその根拠である。ここではこの説の当否を決めかねるので紹介するに留める。

死んだ日についてはさきにも述べたように『元史』は旧暦七月一二日（八月二五日）とし、イスラム史家は八月一八日とする。これもどちらが正しいか決めようがない。

また彼の最期についてはさまざまな話が伝えられている。これも真偽のほどは保証できないが紹介しよう。まずラシードは次のように述べている。

成吉思汗は病気にかかり、夢に自分の死期が迫ったことを見た。そばには王族としては弟ジュチ=カサルの子イスカ=アカがいるだけだった。汗は彼に尋ねた。

「わが子オゴタイとツルイはどこにいるか。遠いのか、近いのか。」

このふたりは作戦に従事しており、二、三日の行程のところにいた。それで使をやって彼らを呼び寄せた。

翌朝、朝食が終ると、汗は子供たちと内密の話があるからと、将軍や近臣たちを遠ざけた。汗は子供たちに言った。

「我は神の力と天の助けにより広大な国土を征服した。その中心からどの端までも一年行程もある。これをおまえたちに譲るぞ。おまえたちは敵を防ぎ友を守るために心をひとつにせよ。オゴタイが皇太子となれ。我の死後はこの我の志を尊重し、本土を守ってここにいないチャガタイをして紛争を起こさせないようにせよ。」

こうしてふたりに別れをつげて去らせたあと、汗は顔をあげて南宋の方を見やった。汗は自分の死が敵に知られないために、自分の死を発表しないよう、また歎き悲しまないように言ってあった。死後その遺骸をひそかにモンゴリア本土に運び、途中で出会った人をすべて殺した。

成吉思汗はかつて狩猟に出て、砂漠に一本の樹木を見つけ、たいそう気にいった。しばらくその下で休息したのち言った。

「ここはわが墓地にふさわしい。」

王族や将軍たちはこのことを知っていたので、汗をここに埋葬した。その砂漠にはそののち木や草が生い茂り、埋葬の場所はわからなくなった。

成吉思汗が死の直前に南宋を頭に思い浮かべたのは、まだ征服の終っていない金国に対する作戦を考えていたからである。『元史』太祖本紀によれば、彼は死に臨んで左右の者にこう言ったという。

「金の精兵は潼関《どうかん》（黄河と渭水の合流点付近）にいる。そこは南に山が連なり、北に黄河のある陸路に位置しているので、ここを突破することは困難である。南宋は金と対立しているから、我が軍の通過を許してくれるかもしれない。そうすれば潼関を避けて宋領内を通って南へまわり、唐《とう》州、鄧《とう》州から北上して金都開封を衝けばよい。潼関を守っている金軍は急いで開封へかけつけると、人馬ともに疲弊して戦うことができず、金を破ることは確実である。」

『元史』によれば、成吉思汗はこう言い終るや息をひきとったという。大征服者の面目躍如たるものがある。

❖成吉思汗の私有物としての国家

成吉思汗が征服した領土とその住民は、モンゴル族でもなく、成吉思汗の家系でもなく、まったく成吉思汗ひとりの所有物と見なされていた。このことはテムジンを成吉思汗に推戴したときにアルタン、クチャル、サチャらが汗に誓った内容（第三章第三節）や、金の中都の宝庫を捜索したときのシキ＝クトクの言葉（第五章第三節）などから推測される。したがってこのいわば「成吉思汗国家」というべきものは、彼が死ねばそれで消滅するものである。ただちに消滅はしないまでも、成吉思汗以後は別の国家になるはずである。だから彼は自分の死後のことにあまり考慮を払わなかった。ラシードによれば彼が後継者をオゴタイと決めたのはその死の直前であった。中国の王朝なら王朝の末長き繁栄のために、早く皇太子を決めて帝王学を学ばせるところである。『元朝秘史』には成吉思汗の後継者問題について別の話であるが、やはり汗がこのことについて無関心であったことを次のように伝えている。

西域遠征の直前のことである。エスイ皇后が汗に次のように奏上した。

「汗は高い峠を越え、広い川を渡り、長い出征に出て、多くの国を平らげようとしておられる。命あるものに永生はありません。大木のようなあなたの身が傾いたら、麻の穂のような国民を誰に任せましょうか。柱のようなあなたの身が倒れたら、群鳥のような国民を誰にゆだねましょうか。四人のすぐれた皇子のうちの誰にとおっしゃるのですか。」

汗は答えた。

「女ながら立派なことを言うものだ。弟や子や妻も、ボオルチュやムカリも建議しなかったことだ。我は先祖の大業を受けついだのでないから、我を継ぐべき人を決めることを忘れていた。死病にとりつかれたことがないので、この問題を忘れて眠っていたようなものだ。」

そして汗は四人の子供と相談した末、三男オゴタイのことを後継者に選んだ。次男チャガタイが長男ジュチのことを「メルキトの血をひく者」と言って、ふたりで取っ組みあいをしたのはこのときのことである。

太宗オゴタイ
（中国歴代帝后像より）

❖分割相続

成吉思汗の死後、オゴタイが汗となった。しかし国家はオゴタイ汗ひとりのものではない。オゴタイ汗が受けついだものはこの大帝国の代表者としての地位、いわば家権だけである。では大帝国の土地と住民、つまり家産はどうなったか。それは正妻の四人の子供に分割されたのである。

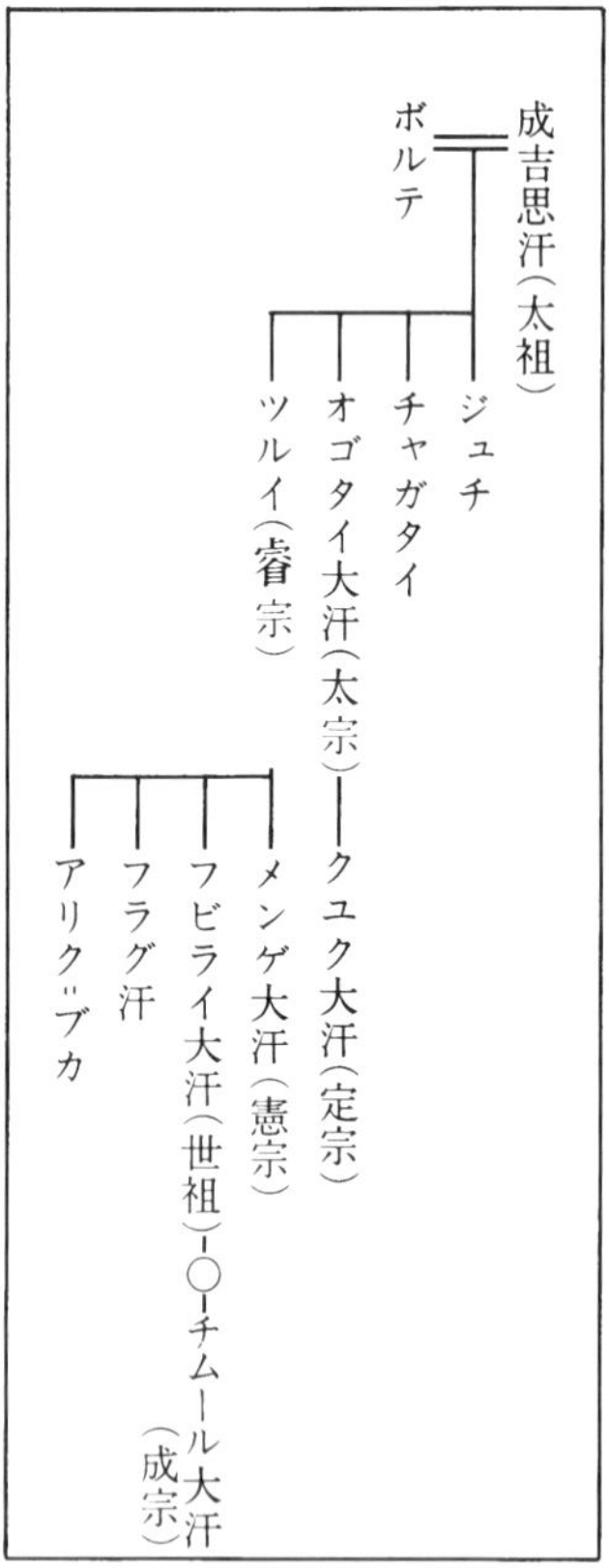

成吉思汗の子孫

東から順に並べると次のとおりである。

四男ツルイ　　　モンゴリア
三男オゴタイ　　ナイマン
次男チャガタイ　西遼
長男ジュチ　　　ホラズム以西

成吉思汗は軍隊も親族に分配した。彼の死のときの軍隊は一二万九〇〇〇あったが、その分配は次のようである。

一　末子ツルイ　一〇万一〇〇〇
　その内訳
　　中軍（指揮者チャガン）　一〇〇〇
　　左翼軍（指揮者ボオルチュ）　三万八〇〇〇
　　右翼軍（指揮者ムカリ）　六万二〇〇〇

二　四子
　ジュチ　四〇〇〇
　チャガタイ　四〇〇〇
　オゴタイ　四〇〇〇
　コレゲン（クラン皇后の子）　四〇〇〇

三　母と三弟
　テムゲ＝オトチギン　五〇〇〇
　ジュチ＝カサル　一〇〇〇
　アルチダイ（カチウン＝エルチの子）　三〇〇〇
　ホエルン　三〇〇〇

このうちチャガンはここではじめて見る人物である。さきに第四章第二節では『元朝秘史』

によって中軍・左翼軍・右翼軍の司令官にそれぞれナヤア、ムカリ、ボオルチュが任命されたことを述べた。チャガンは『秘史』にはなく、『元史』と、この分兵表のもとになったラシードに見える。この表ではムカリとボオルチュが左右をいれかわっている。そしてナヤアの代りにチャガンが入っている。チャガンはタングート族の出で、ボルテ皇后に養育され、西夏攻撃に功を立てた将軍である。ナヤアが死んでその後にチャガンが任ぜられたのであろう。

このように成吉思汗は土地・人民・軍隊を親族に分配してしまった。つまり家産の分割相続が行なわれたのである。これは遊牧民の社会を定着農耕民のそれと比べて考えると理解しやすい。土地所有のありかたをとりあげるに、農民は常時、一定の土地を所有するのに対し、遊牧民は随時、不特定の土地を所有する（所有というよりも使用というべきか）。つまり遊牧民は家畜の群を所有し、それを養うために「水草を逐《お》って遷徙《せんし》する。」そのときどきに、水と草のあるところを所有できればよいのである。もちろん遷徙といっても、まったく自由勝手ではなく、各自の遊牧圏が定まっている。しかしそれは農地の所有ほど厳密ではない。土地利用が農耕では集約的であるのに反し、遊牧では粗放的である。同様に国家の領土についての考え方も、農耕に基盤をもつ国家では集約的であり、遊牧国家では粗放的である。支配のあり方も同じような相違がある。

一般に遊牧民の場合は分割相続が容易である。なぜならその財産は家畜であり、それは簡単に分けられるからである。遊牧圏も過密ということはないだろうから、求めるのは容易である。一方、農耕民の場合は、もし土地を分割するなら、労働力、家畜、農具も分割しなければならず、それでは農作業に不便をきたすことにもなる。農耕民の場合は分割相続は零細化につながる。

❖分裂する大帝国

成吉思汗の後継者オゴタイは、第三章第三節で触れたように「汗」の上に立つ「可汗」の称号がふさわしい。これからはそれを「大汗」と呼ぶことにしよう。大汗の地位は成吉思汗によってオゴタイに与えられたが、それは後でクリルタイの承認を得たはずである。遊牧民の指導者は部族総会で選出されるのがならわしで、モンゴル族でそれに当るのがクリルタイである。しかしこのクリルタイも、大汗位の継承法については何の経験ももたない。オゴタイの即位は成吉思汗の指名によったからみなが納得した。ところがオゴタイが死ぬと、たちまち混乱がおこった。オゴタイ家とツルイ家の対立である。その結果はオゴタイの子クユクの即位となったが、その次はツルイ家のメンゲに大汗の位は移った。メンゲは弟フビライをして中国を支配させ、別の弟フラグをしてペルシアを統治させた。フビライは元朝を、フラグはイル汗国をそれぞれ創立する。オゴタイのオゴタイ汗国はツルイ家に属する元朝との対立に敗れて滅亡する。

ジュチの子バツがヴォルガ河畔に王廷を立てる。
(パリの国立図書館蔵『年代記彙集』古写本より)

チャガタイ汗国は細々と中央アジアで存在を保つ。もっとも西方に領土をもらったジュチ家では、彼の子バツがキプチャク汗国をたて、モンゴル大帝国の内紛に影響されることなくロシアの支配を続けた。

大汗の地位と権威はどうなったか。メンゲ大汗のときにはまだ大帝国の統制はそこなわれなかった。メンゲの死後、フビライとその弟アリク＝ブカとの間に対立があり、フビライは実力をもって大汗の地位をかちとった。これはツルイ家内部の紛争である。その次にはオゴタイの孫カイドが、オゴタイ、チャガタイ、キプチャクの三汗国を結集して大汗と称し、フビライに対抗して大帝国をまきこむ長い内乱となった。結着はなかなかつかなかったが、フビライの元朝は南宋を征服して全中国を支配下におき、中国的王朝となってしまった。

フビライをモンゴルの大汗と認めたのはイル汗国だけである。フラグは兄であるメンゲ大汗からペルシアの経営を命ぜられた。フラグが死ぬとその長子アバカがイル汗に選ばれ、東方にいるモンゴル大汗であるフビライの認証を求めている。アバカの後継者テグデル（イスラム名アフマッド）の即位からは大汗の認証を得ることはなかったようであるが、フビライやその後継者チムール（成宗）は「大汗《カーアーン》」として尊敬を受けていた。『年代記彙集』の著者ラシードウッディンに材料を提供したプーラード＝チンサンは、イル汗朝に対してどんな地位にあったのであろうか。大汗の権力を背景にしてイル汗朝を監督するというほどのものではなかったろうが、彼のもたらした東方モンゴル史の豊富な資料は確かに貴重であったし、また彼の助言によって中国風の紙幣の発行が試みられたりしたことから推察すると、元朝大汗は成吉思汗の後継者として、その権威がイル汗朝においても認められていたと思われるのである。

しかしながらイル汗国が支配したペルシアにはペルシア的文明があり、またイスラム文明も受け入れている。元朝とはおのずと異なった発展をたどることになる。結局は大帝国の分裂である。

ユーラシア大陸は地域ごとに独自の文化を発展させてきた。これを縦糸とするなら、一三世紀の横糸は成吉思汗によって濃く太く織り上げられた。それは世界史でひときわあざやかな横糸である。

❖成吉思汗の人となり

成吉思汗は常識人であった。慎重な人であった。信義を重んずる人であった。そして将に将たる人であった。今までに述べてきた彼の生涯、たとえばモンゴリア統一の過程や、金国、ホラズムへの出征の中にそのことをうかがうことができる。体力が人一倍すぐれているわけではない（『元朝秘史』に彼の体力の優越を述べた箇所はない）。冒険を好まなかった。いいところを見せようとしなかった。昔の中国人にたとえるなら、「力は山を抜き気は世を蓋《おお》う」と言った項羽ではなく「我はむしろ智を闘わし、力を闘わさず」と言った劉邦に近い。『元史』太祖本紀に彼のことを「深沈にして大略あり」という。深沈とは浮薄の反対である。大略の持主であったから、全モンゴルを従えただけではなく、文明諸民族をもその支配下におくことができたのである。

古今東西の史家はほとんど一様に彼の軍隊の破壊と殺戮を非難する。あたかもモンゴル族以外の民族がそういった悪業を働かなかったような口ぶりである。戦争に強いことが野蛮とするなら、野蛮の名を着せられるべき民族や国家は現在にいたるまで枚挙にいとまがない。戦争に強いことはすぐれていることの証拠ではないか。戦争は優劣の差をきわめて鮮明に表示する。

もし文献をもたないことを野蛮ときめつけられるなら、成吉思汗も反論はあるまい。彼はモンゴル語しか知らず、その読み書きができなかったのだから。彼がナイマン族から文字を導入したことは、モンゴル族にとって一大革命であった。彼の孫の代になるとさらに進んで、東では中国の、西ではペルシアの、それぞれ古い伝統をもつ文明に君臨するようになる。文字を知らない民族が野蛮であると見なすのは、文字を知る民族の偏見である。文字を知らない社会にもそれ自体の秩序があるはずである。

また成吉思汗イコールモンゴル族と考えなくてもいいのではないか。モンゴル族の特質として一般に認められているものを、彼はもちろんもっているけれども、彼はそれだけではないはずである。我々が「日本人」の特質として外人に知られている範囲を、一歩も出ないということはありえないのである。「一三世紀のモンゴル人成吉思汗」と「二一世紀の日本人たる我々」という固定観念にとらわれない、自由な人間的交流が、彼と我々の間にあっていいのではないか、と私は考える。

❖遊牧の運命

第一章で遊牧民の発生と拡大を述べたが、その遊牧民の発展の頂点をなすものが、本書の主題である一三世紀モンゴル族であった。それ以後、遊牧民の勢力は下降線をたどり、遊牧民はふたたび世界史の主役をなすことはない。世界史の重心はヨーロッパに移り、さらに大西洋を渡ってアメリカに及んで、ユーラシア北方草原はまったく忘れられてしまったようである。

遊牧というのはたしかに不経済な土地利用である。水草を追って移動する家畜のために広大な草地が必要である。遊牧よりも農業が、農業よりも工業が、はるかに経済的である。では遊牧はどう変るのか。これは本書の範囲の外にあることであるし、地域や国家体制によって異なるのでいちがいには言えない。

現代のキルギス族の集団牧羊場

ただここで遊牧の目的を考えてみるなら、それは家畜を飼って、その肉や皮や乳を得ることと、副業として家畜を使って運送業を営むことである。このうち副業としての運送業は、トラックなどの近代的運輸手段にとって代わられつつあるから、消滅は遠い先ではない。では本業の家畜の飼育はどうなるか。遊牧という水草を追って家畜の群を移動させる生活様式に代わるものは何であろうか。家畜を動かさないで、水と草をもってくる方がよくはないか。しかしユーラシア北方草原は乾燥地帯であって、水はどこにでもはない。水を引いてくるにはかなりな費用と技術がいるので、このことは政治ともかかわってくる。したがって遊牧のあり方は国によって相違するが、結局それは衰退に向かうほかはないであろう。

あとがき

成吉思汗、またはモンゴル史の史料は、その舞台の広さから考えてもわかるとおり、多くの言語にわたっている。その主なものでも漢文、モンゴル語、ペルシア語、アラビア語があり、このすべてを深く解することは、どんな人にとっても不可能である。その上に今までの研究が日本語、中国語、英語、ドイツ語、フランス語、ロシア語などで発表されており、それらも参照の必要がある。私自身について言うなら、漢文とペルシア語は多少は読める。研究書としては日本語のものを主とし、中国語と英語のもので補った。漢文とモンゴル語を使用する限りでは日本のモンゴル研究の水準は高い。それを利用させていただいたが、もちろん問題はまだまだ残っている。

本書は読者に提出するレポートのつもりで執筆した。熱心な読者こそ最上の教師である。ていねいに読んでもわからないところがあれば、それは読者でなく著者の責任である。そして本書はまさに著者の意見である。著者が真実と思うところを述べたものである。したがってそれは絶対的不変的なものではない。読者のよりよい御意見を期待している。

成吉思汗年譜

西暦	年譜	金帝	日本および世界の出来事
一一四九		海陵王	
五五〜六七	成吉思汗誕生		
六一		世宗	
六七			平清盛、太政大臣となる。
八〇			源頼朝の挙兵
八五			平氏滅ぶ。
八八	タイチウト氏を降す。		
八九	第一次即位		第三回十字軍（―九二）
九〇		章宗	
九二			鎌倉幕府はじまる。
九四	タタール族を討つ。		
九五	メルキト族を討つ。		
九六	タタール族を滅ぼす。		
九八			インノセント三世、教皇となる（―一二一六）。教皇権の極盛期

一二〇〇	ホラズム王ムハンマド立つ。		南宋の朱熹死す。
〇二			第四回十字軍（―〇四）
〇三	ジャムカと戦う。ケレイト族を滅ぼす。		
〇四	ナイマン族を滅ぼす。		
〇五			『新古今集』成る。
〇六	第二次即位、太祖の元年		
〇九	ウイグル族が服属	衛紹王	
一一	第一次金国侵入		
	クチュルク、カラ‐キタイを奪う。		
一二			鴨長明『方丈記』を書く。
一三		宣　宗	
一四			金、開封に遷都
一五	金の中都を占領		マグナ‐カルタを制定
一八	耶律楚材、成吉思汗に仕える。		第五回十字軍（―二一）
	クチュルクを討つ。		
一九	西征に出発		源実朝の暗殺
二〇	ホラズム王ムハンマド死す。		
二一	インダス河畔の戦い		承久の乱
	ジェベとスブタイ、コーカサスを征す。		

一二二三	アフガニスタンを経てサマルカンドに至る。ジェベとスブタイ、カルカ河畔にロシア軍を破る。		
二四		哀宗	
二五	本土へ帰還。西夏へ侵入		北条政子死す。
二七	清水県に死す。長子ジュチ死す。		フリードリヒ二世、教皇から破門
二八			第六回十字軍（—二九）
二九	オゴタイ汗の即位		

参考文献

『成吉思汗実録』　那珂通世訳注　筑摩書房　一九四三
『ジンギスカン』　小林高四郎著　岩波新書　一九六〇
『モンゴル帝国史　一〜三』　ドーソン著　佐口透訳注　平凡社東洋文庫一〜六　一九六八
『モンゴル社会経済史の研究』　岩村忍著　京大人文科学研究所　一九六八
『モンゴル秘史　一〜三』　村上正二訳注　平凡社東洋文庫　一九七〇〜七六
『成吉思汗新伝』　李則芬著　台湾中華書局　民国五九　一九七〇
『中国征服王朝の研究　中』　田村実造著　京大東洋史研究会　一九七一
『内陸アジア遊牧民社会の研究』　後藤冨男著　吉川弘文館　一九六八
『元朝秘史』　小澤重男著　岩波新書　一九九四
『モンゴルの西征――ペルシア知識人の悲劇』　勝藤猛著　創元社　一九七〇
『フビライ汗』　勝藤猛著　中公文庫　二〇〇〇

さくいん

【す・せ】

【そ】

【た】

【ら・り・る・れ】

新《しん》・人《ひと》と歴史《れきし》　拡大版《かくだいばん》　08
草原《そうげん》の覇者《はしゃ》　成吉思汗《ジンギスカン》〔新訂版《しんていばん》〕

定価はカバーに表示

2017年5月30日　初　版　第1刷発行

著　者　勝藤《かつふじ》　猛《たけし》
発行者　渡部　哲治
印刷所　法規書籍印刷株式会社
発行所　株式会社　**清水書院**
〒102－0072
東京都千代田区飯田橋3－11－6
電話　03－5213－7151㈹
FAX　03－5213－7160
http://www.shimizushoin.co.jp

カバー・本文基本デザイン／ペニーレイン　　DTP／株式会社 新後閑
乱丁・落丁本はお取り替えします。　ISBN978－4－389－44108－1